Kuchnia Indyjska

Odkryj Tajemnice Aromatycznych Przepisów z Dalekiego Wschodu!

Sanjay Patel

spis treści

słodka rolada ziemniaczana 18
    Składniki 18
    metoda 18
placek ziemniaczany 19
    Składniki 19
    metoda 20
Murgh Malajski Kebab 21
    Składniki 21
    metoda 22
Keema Puffy 23
    Składniki 23
    metoda 24
pakoda jajeczna 26
    Składniki 26
    metoda 26
doza jajeczna 27
    Składniki 27
    metoda 28
Khasta Kaczori 29
    Składniki 29
    metoda 30
Mieszanka roślin strączkowych Dhokla 31
    Składniki 31

metoda	32
Frankie	33
Składniki	33
metoda	34
pocałunek i serowa rozkosz	35
Składniki	35
Na mieszankę fasoli:	35
metoda	36
chilli idli	37
Składniki	37
metoda	37
kanapka ze szpinakiem	38
Składniki	38
metoda	39
Paushtik Chaat	40
Składniki	40
metoda	41
roladka z kapusty	42
Składniki	42
metoda	43
chleb pomidorowy	44
Składniki	44
metoda	44
kulki kukurydziane i serowe	45
Składniki	45
metoda	45
Płatki kukurydziane Chivda	46

Składniki 46
metoda 47
rolada orzechowa 48
Składniki 48
metoda 49
Gołąbki z mięsem mielonym 50
Składniki 50
metoda 51
Paw Bhaji 52
Składniki 52
metoda 53
kotlet sojowy 54
Składniki 54
metoda 54
Bhel kukurydziany 56
Składniki 56
metoda 56
Methi Dna moczanowa 57
Składniki 57
metoda 58
Idli 59
Składniki 59
metoda 59
Idli Plus 60
Składniki 60
metoda 61
kanapka masala 62

Składniki 62
metoda 63
kebab miętowy 64
Składniki 64
metoda 64
Sevia Upma Warzywa 65
Składniki 65
metoda 66
bhel 67
Składniki 67
metoda 67
sabudana khichdi 68
Składniki 68
metoda 69
zwykła dhokla 70
Składniki 70
metoda 71
Ziemniak Khaldi 72
Składniki 72
metoda 72
dhokla pomarańcza 73
Składniki 73
metoda 74
kapusta muthia 75
Składniki 75
metoda 76
rava dhokla 77

Składniki 77

metoda 77

Czapatti Upma 78

Składniki 78

metoda 79

Mung Dhokla 80

Składniki 80

metoda 80

kotlet wołowy mughlai 81

Składniki 81

metoda 82

Masala Vada 83

Składniki 83

metoda 83

kapusta Chivda 84

Składniki 84

metoda 85

Besan Bhajji Chleb 86

Składniki 86

metoda 86

Methi Seekh Kebab 87

Składniki 87

metoda 87

Jhinga Hariyali 88

Składniki 88

metoda 89

methi adai 90

- Składniki 90
  - metoda 91
- groszek chaat 92
  - Składniki 92
  - metoda 92
- shingada 93
  - Składniki 93
  - Na ciasto: 93
  - metoda 94
- Cebula Bhajia 95
  - Składniki 95
  - metoda 95
- bagani murgh 96
  - Składniki 96
  - Na marynatę: 97
  - metoda 97
- ziemniaczane tikki 98
  - Składniki 98
  - metoda 99
- Słodki ziemniak Vada 100
  - Składniki 100
  - metoda 101
- Mini kebab z kurczaka 102
  - Składniki 102
  - metoda 103
- rissole z soczewicy 104
  - Składniki 104

metoda 105
pożywna poha 106
   Składniki 106
   metoda 106
Zwykły bób 107
   Składniki 107
   metoda 108
Chleb Chutney Pakoda 109
   Składniki 109
   metoda 109
Rozkosz Methi Khakry 110
   Składniki 110
   metoda 110
zielony kotlet 111
   Składniki 111
   metoda 112
Handvo 113
   Składniki 113
   metoda 114
ghugra 115
   Składniki 115
   metoda 115
kebab bananowy 117
   Składniki 117
   metoda 117
Zunka 118
   Składniki 118

- metoda ... 119
- curry z rzepy ... 120
  - Składniki ... 120
  - metoda ... 121
- Chhaner Dhalna ... 122
  - Składniki ... 122
  - metoda ... 123
- kukurydza z kokosem ... 124
  - Składniki ... 124
  - Na pastę kokosową: ... 124
  - metoda ... 125
- Zielona Papryka Z Ziemniakami ... 126
  - Składniki ... 126
  - metoda ... 127
- Pikantny groszek z ziemniakami ... 128
  - Składniki ... 128
  - metoda ... 129
- duszone grzybki ... 130
  - Składniki ... 130
  - metoda ... 130
- Pikantne pieczarki z młodą kukurydzą ... 131
  - Składniki ... 131
  - metoda ... 132
- Wysuszony Pikantny Kalafior ... 133
  - Składniki ... 133
  - metoda ... 134
- curry grzybowe ... 135

Składniki 135
metoda 136
baingan bharta 137
Składniki 137
metoda 138
hyderabadi warzywne 139
Składniki 139
Na mieszankę przypraw: 139
metoda 140
Kaddu Bhaji* 141
Składniki 141
metoda 142
Muthia nu Shak 143
Składniki 143
metoda 144
Dynia Koot 145
Składniki 145
metoda 146
rasa 147
Składniki 147
metoda 148
Doodhi Manpasand 149
Składniki 149
metoda 150
Pomidor Chokha 151
Składniki 151
metoda 151

Baingan Chokha 152
    Składniki 152
    metoda 153
Curry z kalafiora i groszku 154
    Składniki 154
    metoda 154
Aloo Methi ki Sabzi 155
    Składniki 155
    metoda 155
Słodko-kwaśna Karela 156
    Składniki 156
    metoda 157
Karela Koshimbir 158
    Składniki 158
    metoda 159
Karela Curry 160
    Składniki 160
    metoda 161
kalafior chili 162
    Składniki 162
    metoda 162
orzechowe curry 163
    Składniki 163
    metoda 164
Daikon opuszcza Bhaaji 165
    Składniki 165
    metoda 165

Chole Aloo 166
    Składniki 166
    metoda 167
curry orzechowe 168
    Składniki 168
    metoda 169
fasola upkari 170
    Składniki 170
    metoda 170
Karatey Ambadey 171
    Składniki 171
    metoda 172
kadhai paneer 173
    Składniki 173
    metoda 173
Kathirikkai Vangi 174
    Składniki 174
    metoda 175
pitla 176
    Składniki 176
    metoda 177
kalafior masala 178
    Składniki 178
    Na sos: 178
    metoda 179
Shukna Kacha Pepe 180
    Składniki 180

metoda 181

suszona okra 182

    Składniki 182

    metoda 182

Kalafior Moghlajski 183

    Składniki 183

    metoda 183

Bhapa Shorshe Baingana 184

    Składniki 184

    metoda 185

Pieczone warzywa w pikantnym sosie 186

    Składniki 186

    metoda 187

smaczne tofu 188

    Składniki 188

    metoda 188

Aloo Baingan 189

    Składniki 189

    metoda 190

Curry ze słodkiego groszku 191

    Składniki 191

    metoda 192

Curry z dyni i ziemniaków 193

    Składniki 193

    metoda 194

Jajko Thorana 195

    Składniki 195

metoda 196
Baingan Lajawab 197
    Składniki 197
    metoda 198
Warzywa Bahar 199
    Składniki 199
    metoda 200
Nadziewane Warzywa 201
    Składniki 201
    Do nadzienia: 201
    metoda 202
Singhi Aloo 203
    Składniki 203
    metoda 203
curry sindhi 204
    Składniki 204
    metoda 205
Gulnar Kofta 206
    Składniki 206
    Na mieszankę przypraw: 206
    metoda 207
paneer korma 208
    Składniki 208
    metoda 209
Chutney Ziemniaczany 210
    Składniki 210
    metoda 211

Lobia 212
    Składniki 212
    metoda 213
Meetha warzywna Khatta 214
    Składniki 214
    metoda 215
Dahiwale Chhole 216
    Składniki 216
    metoda 217
Teekha Papad Bhaji* 218
    Składniki 218
    metoda 218

słodka rolada ziemniaczana

Robi 15-20

Składniki

4 duże słodkie ziemniaki, gotowane na parze i puree

175 g mąki ryżowej

4 łyżki miodu

20 orzechów nerkowca, lekko uprażonych i posiekanych

20 rodzynek

Sól dla smaku

2 łyżeczki nasion sezamu

ghee do smażenia

metoda

- Wymieszaj wszystkie składniki oprócz ghee i sezamu.

- Uformować kulki wielkości orzecha włoskiego i obtoczyć w sezamie.

- Podgrzej ghee na patelni. Kulki smażymy na średnim ogniu na złoty kolor. Podawać na gorąco.

placek ziemniaczany

30 temu

Składniki

6 dużych ziemniaków, 3 starte plus 3 ugotowane i rozgniecione

2 jajka

2 łyżki zwykłej białej mąki

½ łyżeczki świeżo zmielonego czarnego pieprzu

1 mała cebula drobno posiekana

120 ml mleka

60 ml rafinowanego oleju roślinnego

1 łyżeczka soli

2 łyżki oleju

metoda

- Wszystkie składniki oprócz oleju mieszamy na gęste ciasto.

- Rozgrzać płaską patelnię i rozprowadzić na niej olej. Nakładać 2-4 duże miarki ciasta i rozsmarowywać jak naleśnik.

- Smaż z każdej strony na średnim ogniu przez 3-4 minuty, aż naleśnik będzie złocisty i chrupiący na brzegach.

- Czynność powtórzyć dla reszty ciasta. Podawać na gorąco.

Murgh Malajski Kebab

(Kremowe Szaszłyki Z Kurczaka)

Robi 25-30

Składniki

1 łyżeczka pasty imbirowej

1 łyżeczka pasty czosnkowej

2 zielone chili

25 g / niecała 1 uncja liści kolendry, drobno posiekanych

3 łyżki śmietany

1 łyżeczka zwykłej białej mąki

4½ uncji / 125 g rozdrobnionego sera cheddar

1 łyżeczka soli

500 g drobno posiekanego kurczaka bez kości

metoda

- Wymieszaj wszystkie składniki oprócz kurczaka.

- Marynuj kawałki kurczaka w mieszance przez 4-6 godzin.

- Umieścić w naczyniu żaroodpornym i piec w temperaturze 165ºC (325ºF, Gas Mark 4) przez około 20-30 minut, aż kurczak będzie jasnobrązowy.

- Podawać na gorąco z miętowym chutneyem

Keema Puffy

(Przekąski faszerowane mięsem mielonym)

12 temu

Składniki

250 g / 9 uncji zwykłej białej mąki

½ łyżki soli

½ łyżeczki proszku do pieczenia

1 łyżka ghee

100ml / 3½ uncji wody

2 łyżki rafinowanego oleju roślinnego

2 średnie cebule, drobno posiekane

¾ łyżeczki pasty imbirowej

¾ łyżeczki pasty czosnkowej

6 drobno posiekanych zielonych papryczek chilli

1 duży pomidor, drobno posiekany

½ łyżeczki kurkumy

½ łyżeczki chili w proszku

1 łyżeczka garam masali

4½ uncji / 125g mrożonego groszku

4 łyżki jogurtu

2 łyżki wody

50 g / 1¾ uncji liści kolendry, drobno posiekanych

500 g / 1 lb 2 uncje kurczaka, posiekanego

metoda

- Mąkę, sól i drożdże przesiać. Dodaj ghee i wodę. Zagnieść, aby powstało ciasto. Odstawić na 30 minut i ponownie zagnieść. Odłożyć na bok.

- W garnku rozgrzej olej. Dodaj cebulę, pastę imbirową, pastę czosnkową i zielone chilli. Smażyć przez 2 minuty na średnim ogniu.

- Dodaj pomidory, kurkumę, chili w proszku, garam masala i trochę soli. Dobrze wymieszaj i gotuj przez 5 minut, często mieszając.

- Dodaj groszek, jogurt, wodę, liście kolendry i mielonego kurczaka. Dobrze wymieszaj. Gotuj przez 15 minut, od czasu do czasu mieszając, aż mieszanina wyschnie. Odłożyć na bok.

- Rozwałkuj ciasto na duży dysk. Pokrój w kwadrat, a następnie wytnij z kwadratu 12 małych prostokątów.

- Umieść mieszankę mieloną na środku każdego prostokąta i zwiń jak opakowanie cukierka.

- Piec w piekarniku nagrzanym do 175ºC (350ºF, Gas Mark 4) przez 10 minut. Podawać na gorąco.

pakoda jajeczna

(Kanapka Z Jajkiem Sadzonym)

20 temu

Składniki

3 jajka, ubite

3 kromki chleba, pokrojone w ćwiartki

4½ uncji / 125 g rozdrobnionego sera cheddar

1 drobno posiekana cebula

3 zielone papryczki chili drobno posiekane

1 łyżka posiekanych liści kolendry

½ łyżeczki mielonego czarnego pieprzu

½ łyżeczki chili w proszku

Sól dla smaku

Rafinowany olej roślinny do smażenia

metoda

- Wszystkie składniki poza olejem wymieszać.

- Rozgrzej olej na patelni. Dodaj łyżki mieszanki. Smażyć na średnim ogniu do złotego koloru.

- Osączyć na chłonnym papierze. Podawać na gorąco.

doza jajeczna

(Naleśnik z jajkiem i ryżem)

12-14 temu

Składniki

150 g / 5½ uncji urad dhal*

100 g / 3½ uncji ugotowanego na parze ryżu

Sól dla smaku

4 ubite jajka

Zmielony czarny pieprz do smaku

25 g / 1 uncja rzadkiej cebuli, drobno posiekanej

2 łyżki posiekanych liści kolendry

1 łyżka rafinowanego oleju roślinnego

1 łyżka masła

metoda

- Namocz dhal i ryż razem przez 4 godziny. Dodać sól i ucierać do uzyskania gęstej masy. Niech fermentuje przez noc.

- Nasmaruj i rozgrzej płaską patelnię. Rozsmarować na nim 2 łyżki ciasta.

- Wlej 3 łyżki jajka na ciasto. Posypać papryką, cebulą i liśćmi kolendry. Wlej trochę oleju wokół krawędzi i smaż przez 2 minuty. Odwróć ostrożnie i gotuj jeszcze 2 minuty.

- Czynność powtórzyć dla reszty ciasta. Umieść kawałek masła na każdej dosie i podawaj na gorąco z chutneyem kokosowym.

Khasta Kaczori

(Pikantne Smażone Kluski Z Soczewicy)

Robi 12-15

Składniki

200g / 7oz fasoli*

300 g / 10 uncji zwykłej białej mąki

Sól dla smaku

200 ml / 7 uncji wody

2 łyżki rafinowanego oleju roślinnego plus do smażenia

szczypta asafetydy

225 g / 8 uncji mung dhal*, moczyć przez godzinę i odsączyć

1 łyżeczka kurkumy

1 łyżeczka mielonej kolendry

4 łyżeczki nasion kopru włoskiego

2-3 zęby

1 łyżka drobno posiekanych liści kolendry

3 zielone papryczki chili drobno posiekane

2,5 cm korzenia imbiru, drobno posiekanego

1 łyżka drobno posiekanych listków mięty

¼ łyżeczki chili w proszku

1 łyżeczka amchooru*

metoda

- Zagnieść besan, mąkę i odrobinę soli z wystarczającą ilością wody, aż uzyskasz twarde ciasto. Odłożyć na bok.

- W garnku rozgrzej olej. Dodać asafetydę i dusić przez 15 sekund. Dodaj dhal i smaż przez 5 minut na średnim ogniu, ciągle mieszając.

- Dodaj kurkumę, mieloną kolendrę, nasiona kopru włoskiego, goździki, liście kolendry, zielone chili, imbir, liście mięty, chili w proszku i amchoor. Dobrze wymieszaj i gotuj przez 10-12 minut. Odłożyć na bok.

- Podziel ciasto na kulki wielkości cytryny. Spłaszcz je i rozwałkuj na małe krążki o średnicy 12,5 cm.

- Umieść łyżkę mieszanki dhal na środku każdego dysku. Zamknąć jak worek i spłaszczyć w puris. Odłożyć na bok.

- W garnku rozgrzej olej. Smaż puris, aż się zarumienią.

- Podawać na gorąco z zielonym chutneyem kokosowym

Mieszanka roślin strączkowych Dhokla

(Warzywne Ciasto Gotowane Na Parze)

20 temu

Składniki

4½ uncji / 125 g całej fasoli mung*

125 g / 4½ uncji kaala chana*

60 g / 2 uncje tureckiego grama

50g suszonego groszku

75 g / 2½ uncji fasoli urad*

2 łyżeczki zielonego chilli

Sól dla smaku

metoda

- Namocz fasolę mung, kaala chana, turecki gram i suszony groszek. Osobno namoczyć fasolę urad. Odstaw na 6 godzin.

- Wszystkie namoczone składniki zmiksować na gęste ciasto. Fermentować przez 6 godzin.

- Dodać zielone chilli i sól. Dobrze wymieszaj i wlej do okrągłej tortownicy o średnicy 20 cm i gotuj na parze przez 10 minut.

- Wytnij w kształcie rombu. Podawać z miętowym chutneyem

Frankie

10-12 temu

Składniki

1 łyżeczka chaat masali*

½ łyżeczki garam masali

½ łyżeczki mielonego kminku

4 duże ziemniaki, ugotowane i rozgniecione

Sól dla smaku

10-12 placków

Rafinowany olej roślinny do smarowania

2-3 zielone papryczki chilli, drobno posiekane i namoczone w białym occie

2 łyżki drobno posiekanych liści kolendry

1 drobno posiekana cebula

metoda

- Wymieszaj chaat masala, garam masala, mielony kminek, ziemniaki i sól. Dobrze ugniataj i rezerwuj.

- Rozgrzej patelnię i połóż chapatti na wierzchu.

- Posmaruj chapatti odrobiną oleju i obróć, aby usmażyło się z jednej strony. Powtórz dla drugiej strony.

- Rozłóż równomiernie warstwę mieszanki ziemniaczanej na gorącym chapatti.

- Posypać zielonym chilli, liśćmi kolendry i cebulą.

- Zwiń chapatti tak, aby mieszanka ziemniaczana pozostała w środku.

- Upiecz bułkę na suchej patelni na złoty kolor i podawaj na gorąco.

pocałunek i serowa rozkosz

Robi 25

Składniki

2 jajka

250 g / 9 uncji rozdrobnionego sera cheddar

1 łyżeczka mielonego czarnego pieprzu

1 łyżeczka mielonej musztardy

½ łyżeczki chili w proszku

60 ml rafinowanego oleju roślinnego

Na mieszankę fasoli:

50 g semoliny, prażonej na sucho

375 g / 13 uncji fasoli*

200g posiekanej kapusty

1 łyżeczka pasty imbirowej

1 łyżeczka pasty czosnkowej

szczypta proszku do pieczenia

Sól dla smaku

metoda

- Dobrze ubij 1 jajko. Dodaj ser cheddar, pieprz, mieloną musztardę i chili w proszku. Dobrze wymieszaj i odstaw.

- Wymieszaj składniki mieszanki besan. Przełożyć do okrągłej tortownicy o średnicy 20 cm i gotować na parze przez 20 minut. Gdy ostygnie, pokroić na 25 kawałków i posmarować je masą jajeczno-serową.

- W garnku rozgrzej olej. Smaż kawałki na średnim ogniu na złoty kolor. Podawać na gorąco z zielonym chutneyem kokosowym

chilli idli

dla 4 osób

Składniki

3 łyżki rafinowanego oleju roślinnego

1 łyżeczka nasion gorczycy

1 mała cebula, pokrojona w plasterki

½ łyżeczki garam masali

1 łyżka sosu pomidorowego

4 posiekane idlisy

Sól dla smaku

2 łyżki liści kolendry

metoda

- W garnku rozgrzej olej. Dodać ziarna gorczycy. Pozwól im skwierczeć przez 15 sekund.

- Dodaj wszystkie pozostałe składniki oprócz liści kolendry. Dobrze wymieszaj.

- Gotuj na średnim ogniu przez 4-5 minut, delikatnie mieszając. Udekoruj listkami kolendry. Podawać na gorąco.

kanapka ze szpinakiem

10 temu

Składniki

2 łyżki masła

10 kromek chleba pokrojonego w ćwiartki

2 łyżki ghee

1 drobno posiekana cebula

300 g drobno posiekanego szpinaku

Sól dla smaku

125 g koziego sera, odsączonego

4 łyżki startego sera cheddar

metoda

- Posmaruj masłem obie strony kawałków chleba i piecz w nagrzanym piekarniku w temperaturze 400ºF (200ºC, Gas Mark 6) przez 7 minut. Odłożyć na bok.

- Podgrzej ghee w rondelku. Podsmaż cebulę na złoty kolor. Dodać szpinak i sól. Gotuj przez 5 minut. Dodaj kozi ser i dobrze wymieszaj.

- Rozłóż mieszankę szpinaku na podpieczonych kawałkach chleba. Posyp trochę startego sera cheddar na wierzchu i piecz w piekarniku nagrzanym do 130°C (250°F, Gas Mark ½), aż ser się roztopi. Podawać na gorąco.

Paushtik Chaat

(Zdrowa przekąska)

dla 4 osób

Składniki

3 łyżeczki rafinowanego oleju roślinnego

½ łyżeczki nasion kminku

2,5 cm / 1 cal korzenia imbiru, zmiażdżony

1 mały ziemniak, ugotowany i posiekany

1 łyżeczka garam masali

Sól dla smaku

Zmielony czarny pieprz do smaku

250 g / 9 uncji ugotowanej fasoli mung

300 g / 10 uncji fasoli w puszce

Ciecierzyca Konserwowa 300g / 10oz

¼ uncji / 10 g liści kolendry, posiekanych

1 łyżeczka soku z cytryny

metoda

- W garnku rozgrzej olej. Dodaj nasiona kminku. Pozwól im skwierczeć przez 15 sekund.
- Dodać imbir, ziemniaki, garam masala, sól i pieprz. Smaż na średnim ogniu przez 3 minuty. Dodaj fasolę mung, fasolę i ciecierzycę. Gotuj na średnim ogniu przez 8 minut.
- Udekoruj listkami kolendry i sokiem z cytryny. Podawać na zimno.

roladka z kapusty

dla 4 osób

Składniki

1 łyżka zwykłej białej mąki

3 łyżki wody

Sól dla smaku

2 łyżki rafinowanego oleju roślinnego plus do smażenia

1 łyżeczka nasion kminku

3½ uncji / 100 g mrożonych mieszanych warzyw

1 łyżka śmietany

2 łyżki paneera*

¼ łyżeczki kurkumy

1 łyżeczka chili w proszku

1 łyżeczka mielonej kolendry

1 łyżeczka mielonego kminku

8 dużych liści kapusty, namoczonych w gorącej wodzie przez 2-3 minuty i odsączonych

metoda

- Wymieszaj mąkę, wodę i sól, aby uzyskać gęstą pastę. Odłożyć na bok.
- W garnku rozgrzej olej. Dodaj nasiona kminku i pozwól im wypluwać przez 15 sekund. Dodaj wszystkie pozostałe składniki oprócz liści kapusty. Gotuj na średnim ogniu przez 2-3 minuty, często mieszając.
- Łyżką tej mieszanki nakładać na środek każdego liścia kapusty. Złożyć arkusze i skleić końce pastą z mąki.
- Rozgrzej olej na patelni. Gołąbki maczać w paście z mąki i smażyć. Podawać na gorąco.

chleb pomidorowy

4 temu

Składniki

1½ łyżki rafinowanego oleju roślinnego

150 g / 5½ uncji przecieru pomidorowego

3-4 liście curry

2 zielone papryczki chilli drobno posiekane

Sól dla smaku

2 duże ziemniaki, ugotowane i pokrojone

6 kromek bułki tartej

¼ uncji / 10 g liści kolendry, posiekanych

metoda

- W garnku rozgrzej olej. Dodaj przecier pomidorowy, liście curry, zielone chilli i sól. Gotuj przez 5 minut.
- Dodaj ziemniaki i chleb. Gotuj na małym ogniu przez 5 minut.
- Udekoruj listkami kolendry. Podawać na gorąco.

kulki kukurydziane i serowe

Robi 8-10

Składniki

200 g / 7 uncji słodkiej kukurydzy

250 g startego sera mozzarella

4 duże ziemniaki, ugotowane i rozgniecione

2 zielone papryczki chilli drobno posiekane

2,5 cm korzenia imbiru, drobno posiekanego

1 łyżka posiekanych liści kolendry

1 łyżeczka soku z cytryny

50 g / 1¾ uncji bułki tartej

Sól dla smaku

Rafinowany olej roślinny do smażenia

50g semoliny

metoda

- W misce wymieszaj wszystkie składniki oprócz oleju i kaszy manny. Podziel na 8-10 kulek.
- W garnku rozgrzej olej. Obtocz kulki w semolinie i smaż na średnim ogniu na złoty kolor. Podawać na gorąco.

Płatki kukurydziane Chivda

(Kanapka z Pieczonymi Płatkami Kukurydzianymi)

Robi 500g / 1lb 2oz

Składniki

250 g / 9 uncji orzeszków ziemnych

150 g / 5½ uncji chana dhal*

100 g rodzynek

125 g nerkowców

200 g / 7 uncji płatków kukurydzianych

60 ml rafinowanego oleju roślinnego

7 zielonych papryczek chilli, pokrojonych w plasterki

25 liści curry

½ łyżeczki kurkumy

2 łyżeczki cukru

Sól dla smaku

metoda

- Suszyć prażone orzeszki ziemne, chana dhal, rodzynki, orzechy nerkowca i płatki kukurydziane, aż będą chrupiące. Odłożyć na bok.
- W garnku rozgrzej olej. Dodaj zielone chili, liście curry i kurkumę. Smaż na średnim ogniu przez minutę.
- Dodaj cukier, sól i wszystkie prażone składniki. Smaż przez 2-3 minuty.
- Schłodzić i przechowywać w szczelnym pojemniku do 8 dni.

rolada orzechowa

Robi 20-25

Składniki

140 g / 5 uncji zwykłej białej mąki

240 ml / 8 uncji mleka

1 łyżka masła

Sól dla smaku

Zmielony czarny pieprz do smaku

½ łyżki listków kolendry, drobno posiekanych

3-4 łyżki startego sera cheddar

¼ łyżeczki startej gałki muszkatołowej

125 g orzechów nerkowca, grubo zmielonych

4½ uncji / 125 g orzeszków ziemnych, grubo mielonych

50 g / 1¾ uncji bułki tartej

Rafinowany olej roślinny do smażenia

metoda

- W rondelku wymieszaj 85 g mąki z mlekiem. Dodaj masło i gotuj mieszaninę, ciągle mieszając, na małym ogniu, aż zgęstnieje.
- Dodaj sól i pieprz. Pozwól mieszaninie ostygnąć przez 20 minut.
- Dodaj liście kolendry, ser cheddar, gałkę muszkatołową, orzechy nerkowca i orzeszki ziemne. Dobrze wymieszaj. Odłożyć na bok.
- Połowę bułki tartej wysyp na tacę.
- Na bułkę tartą wsyp łyżeczkę mąki i zwiń bułeczki. Odłożyć na bok.
- Wymieszaj pozostałą mąkę z wystarczającą ilością wody, aby uzyskać delikatne ciasto. Zanurz roladki w cieście i ponownie obtocz w bułce tartej.
- W garnku rozgrzej olej. Bułeczki smażymy na średnim ogniu na złoty kolor.
- Podawać na gorąco z sosem pomidorowym lub zielonym chutneyem kokosowym

Gołąbki z mięsem mielonym

12 temu

Składniki

1 łyżka rafinowanego oleju roślinnego plus dodatkowo do smażenia

2 drobno posiekane cebule

2 pomidory, drobno posiekane

½ łyżki pasty imbirowej

½ łyżki pasty czosnkowej

2 zielone papryczki chilli, pokrojone

½ łyżeczki kurkumy

½ łyżeczki chili w proszku

¼ łyżeczki mielonego czarnego pieprzu

500 g / 1 lb 2 uncje kurczaka, posiekanego

200 g mrożonego groszku

2 małe ziemniaki, pokrojone w kostkę

1 duża marchewka pokrojona w kostkę

Sól dla smaku

25 g / niecała 1 uncja liści kolendry, drobno posiekanych

12 dużych liści kapusty, ugotowanych na parze

2 ubite jajka

100 g / 3½ uncji bułki tartej

metoda

- W garnku rozgrzej 1 łyżkę oleju. Smażyć cebulę, aż będzie przezroczysta.
- Dodaj pomidory, pastę imbirową, pastę czosnkową, zielone chilli, kurkumę, chili w proszku i pieprz. Dobrze wymieszaj i smaż przez 2 minuty na średnim ogniu.
- Dodaj mięso mielone z kurczaka, groszek, ziemniaki, marchewkę, sól i liście kolendry. Gotuj na małym ogniu przez 20-30 minut, od czasu do czasu mieszając. Chłodź mieszaninę przez 20 minut.
- Nakładać łyżką mieszankę mielonego mięsa na liść kapusty i zwijać. Powtórz dla pozostałych liści. Roladki zabezpieczyć wykałaczką.
- W garnku rozgrzej olej. Roladki maczać w jajku, panierować w bułce tartej i smażyć na złoty kolor.
- Odcedź i podawaj na gorąco.

Paw Bhaji

(Pikantne Warzywa Z Chlebem)

dla 4 osób

Składniki

2 duże ziemniaki, ugotowane

200 g mrożonej mieszanki warzywnej (zielona papryka, marchew, kalafior i groszek)

2 łyżki masła

1½ łyżeczki pasty czosnkowej

2 duże cebule, starte

4 duże pomidory, posiekane

250 ml / 8 uncji wody

2 łyżeczki pav bhaji masala*

1½ łyżeczki chili w proszku

¼ łyżeczki kurkumy

sok z 1 cytryny

Sól dla smaku

1 łyżka posiekanych liści kolendry

Masło do pieczenia

4 bułki do hamburgerów, przekrojone na pół

1 duża cebula, drobno posiekana

małe plasterki cytryny

metoda

- Warzywa dobrze posiekać. Odłożyć na bok.
- Masło podgrzać w rondelku. Dodaj pastę czosnkową i cebulę i smaż, aż cebula będzie złota. Dodaj pomidory i gotuj, mieszając od czasu do czasu, na średnim ogniu przez 10 minut.
- Dodaj przecier warzywny, wodę, pav bhaji masala, chili w proszku, kurkumę, sok z cytryny i sól. Gotować na małym ogniu, aż sos zgęstnieje. Wymieszaj i gotuj przez 3-4 minuty, ciągle mieszając. Posypać listkami kolendry i dobrze wymieszać. Odłożyć na bok.
- Rozgrzej płaską patelnię. Lekko posmaruj masłem i grilluj bułki do burgerów, aż będą chrupiące z obu stron.
- Podawaj gorącą mieszankę warzywną z bułkami, z cebulą i kawałkami cytryny na boku.

kotlet sojowy

10 temu

Składniki

300 g/10 uncji mung dhal*, moczone przez 4 godziny

Sól dla smaku

400 g/14 uncji granulatu sojowego, moczonego w ciepłej wodzie przez 15 minut

1 duża cebula, drobno posiekana

2-3 zielone papryczki chilli, drobno posiekane

1 łyżeczka amchooru*

1 łyżeczka garam masali

2 łyżki posiekanych liści kolendry

150 g paneera* lub tofu, posiekane

Rafinowany olej roślinny do smażenia

metoda

- Nie opróżniaj dhalu. Dodaj sól i gotuj w rondlu na średnim ogniu przez 40 minut. Odłożyć na bok.
- Odcedź granulki sojowe. Wymieszaj z dhalem i mieszaj, aż uzyskasz gęstą pastę.

- W nieprzywierającym rondlu wymieszaj tę pastę ze wszystkimi pozostałymi składnikami oprócz oleju. Gotować na małym ogniu do wyschnięcia.
- Podziel mieszaninę na kulki wielkości cytryny i uformuj kotlety.
- W garnku rozgrzej olej. Kotlety smażymy na złoty kolor.
- Podawać na gorąco z miętowym chutneyem

Bhel kukurydziany

(Pikantna przekąska kukurydziana)

dla 4 osób

Składniki

200 g gotowanych ziaren kukurydzy

100 g cebuli dymki, drobno posiekanej

1 ziemniak, ugotowany, obrany i drobno posiekany

1 pomidor, drobno posiekany

1 ogórek, drobno posiekany

¼ uncji / 10 g liści kolendry, posiekanych

1 łyżeczka chaat masali*

2 łyżeczki soku z cytryny

1 łyżka ostrego sosu miętowego

Sól dla smaku

metoda

- W misce wymieszaj wszystkie składniki, aby dobrze się połączyły.
- Natychmiast podawaj.

Methi Dna moczanowa

(Smażone Kluski Z Kozieradki)

20 temu

Składniki

500 g / 1 funt 2 uncje pocałunek*

1½ uncji / 45 g mąki pełnoziarnistej

125g jogurtu

4 łyżki rafinowanego oleju roślinnego plus dodatkowo do smażenia

2 łyżeczki sody oczyszczonej

50 g / 1¾ uncji świeżych liści kozieradki, drobno posiekanych

50 g / 1¾ uncji liści kolendry, drobno posiekanych

1 dojrzały banan, obrany i rozgnieciony

1 łyżka nasion kolendry

10-15 ziaren czarnego pieprzu

2 zielone chili

½ łyżeczki pasty imbirowej

½ łyżeczki garam masali

szczypta asafetydy

1 łyżeczka chili w proszku

Sól dla smaku

metoda

- Wymieszaj fasolę, mąkę i jogurt.
- Dodaj 2 łyżki oleju i sodę oczyszczoną. Odstaw na 2-3 godziny.
- Dodaj wszystkie pozostałe składniki oprócz oleju. Dobrze wymieszaj, aby uzyskać gęste ciasto.
- Rozgrzać 2 łyżki oleju i dodać do ciasta. Dobrze wymieszaj i odstaw na 5 minut.
- Pozostały olej rozgrzej w rondlu. Kłaść po łyżce ciasta na olej i smażyć na złoty kolor.
- Osączyć na chłonnym papierze. Podawać na gorąco.

Idli

(ciasto ryżowe na parze)

dla 4 osób

Składniki

500g / 1lb 2oz ryżu, namoczonego przez noc

300 g/10 uncji urad dhal*, namoczone przez noc

1 łyżka soli

szczypta sody oczyszczonej

Rafinowany olej roślinny do smarowania

metoda

- Ryż i dhal odsączyć i zmiksować.
- Dodaj sól i sodę oczyszczoną. Odstawiamy na 8-9 godzin do fermentacji.
- Nasmaruj papilotki. Wlej do nich mieszankę ryżu i dhalu, tak aby każdy był do połowy pełny. Gotuj na parze przez 10-12 minut.
- Wyprowadź idlisa. Podawać na gorąco z kokosowym chutneyem.

Idli Plus

(ciasto ryżowe gotowane na parze z przyprawami)

dla 6

Składniki

500g / 1lb 2oz ryżu, namoczonego przez noc

300 g/10 uncji urad dhal*, namoczone przez noc

1 łyżka soli

¼ łyżeczki kurkumy

1 łyżka cukru pudru

Sól dla smaku

1 łyżka rafinowanego oleju roślinnego

½ łyżeczki nasion kminku

½ łyżeczki nasion gorczycy

metoda

- Ryż i dhal odsączyć i zmiksować.
- Dodaj sól i pozostaw na 8-9 godzin do fermentacji.
- Dodaj kurkumę, cukier i sól. Dobrze wymieszaj i odstaw.
- W garnku rozgrzej olej. Dodać kminek i gorczycę. Pozwól im skwierczeć przez 15 sekund.
- Dodaj mieszankę ryżu i dhalu. Przykryć pokrywką i dusić przez 10 minut.
- Odkryć i obrócić miksturę. Ponownie przykryj i gotuj przez 5 minut.
- Idli nakłuć widelcem. Jeśli widelec wychodzi czysty, bieg jałowy jest gotowy.
- Pokrój na kawałki i podawaj na gorąco z kokosowym chutneyem.

kanapka masala

Sprawia, że 6

Składniki

2 łyżeczki rafinowanego oleju roślinnego

1 mała cebula drobno posiekana

¼ łyżeczki kurkumy

1 duży pomidor, drobno posiekany

1 duży ziemniak, ugotowany i rozgnieciony

1 łyżka ugotowanego groszku

1 łyżeczka chaat masali*

Sól dla smaku

¼ uncji / 10 g liści kolendry, posiekanych

50 g masła

12 kromek chleba

metoda

- W garnku rozgrzej olej. Dodaj cebulę i smaż, aż będzie przezroczysta.
- Dodaj kurkumę i pomidora. Smażyć na średnim ogniu przez 2-3 minuty.
- Dodaj ziemniaki, groszek, chaat masala, sól i liście kolendry. Dobrze wymieszaj i gotuj przez minutę na małym ogniu. Odłożyć na bok.
- Kromki chleba posmarować masłem. Ułóż mieszankę warzywną na sześć plasterków. Na wierzchu ułóż pozostałe plastry i grilluj przez 10 minut. Odwróć i grilluj ponownie przez 5 minut. Podawać na gorąco.

kebab miętowy

Sprawia, że 8

Składniki

¼ uncji / 10 g liści mięty, drobno posiekanych

500 g / 1 funt 2 uncje sera koziego, odsączonego

2 łyżeczki mąki kukurydzianej

10 orzechów nerkowca, posiekanych

½ łyżeczki mielonego czarnego pieprzu

1 łyżeczka amchooru*

Sól dla smaku

Rafinowany olej roślinny do smażenia

metoda

- Wszystkie składniki poza olejem wymieszać. Zagniataj, aż uzyskasz gładkie, ale zwarte ciasto. Podzielić na 8 kulek wielkości cytryny i spłaszczyć.
- W garnku rozgrzej olej. Szaszłyki smażymy na średnim ogniu na złoty kolor.
- Podawać na gorąco z miętowym chutneyem

Sevia Upma Warzywa

(Kanapka Z Warzywami Wermiszelowymi)

dla 4 osób

Składniki

5 łyżek rafinowanego oleju roślinnego

1 duża zielona papryka, drobno posiekana

¼ łyżeczki gorczycy

2 zielone papryczki chilli, pokrojone wzdłuż

200 g makaronu

8 liści curry

Sól dla smaku

szczypta asafetydy

50 g zielonej fasoli, drobno posiekanej

1 drobno pokrojona marchewka

50 g mrożonego groszku

1 duża cebula, drobno posiekana

25 g / niecała 1 uncja liści kolendry, drobno posiekanych

Sok z 1 cytryny (opcjonalnie)

metoda

- W garnku rozgrzej 2 łyżki oleju. Smaż zieloną paprykę przez 2-3 minuty. Odłożyć na bok.
- W drugim rondlu rozgrzej 2 łyżki oleju. Dodać ziarna gorczycy. Pozwól im skwierczeć przez 15 sekund.
- Dodaj zielone chili i makaron. Smażyć przez 1-2 minuty na średnim ogniu, od czasu do czasu mieszając. Dodaj liście curry, sól i asafetydę.
- Podlewamy odrobiną wody i dodajemy smażoną zieloną paprykę, fasolę, marchewkę, groszek i cebulę. Dobrze wymieszaj i gotuj przez 3-4 minuty na średnim ogniu.
- Przykryj pokrywką i gotuj przez kolejną minutę.
- Po wierzchu posypać liśćmi kolendry i sokiem z cytryny. Podawać na gorąco z kokosowym chutneyem.

bhel

(przekąska z dmuchanego ryżu)

Serwuje 4-6

Składniki

2 duże ziemniaki, ugotowane i pokrojone w kostkę

2 duże cebule, drobno posiekane

4½ uncji / 125g prażonych orzeszków ziemnych

2 łyżki mielonego kminku, uprażonego na sucho

Mieszanka Bhel 300g / 10oz

250g / 9oz słodko-ostry chutney z mango

60 g / 2 uncje miętowego chutney

Sól dla smaku

25 g / niecała 1 uncja liści kolendry, posiekanych

metoda

- Wymieszaj ziemniaki, cebulę, orzeszki ziemne i mielony kminek z mieszanką Bhel. Dodaj chutney i sól. Miksuj za miksem.
- Posyp listkami kolendry. Natychmiast podawaj.

sabudana khichdi

(kanapka sago z ziemniakami i orzeszkami ziemnymi)

dla 6

Składniki

300 g / 10 uncji sago

250 ml / 8 uncji wody

250 g / 9 uncji orzeszków ziemnych, grubo mielonych

Sól dla smaku

2 łyżeczki cukru pudru

25 g / niecała 1 uncja liści kolendry, posiekanych

2 łyżki rafinowanego oleju roślinnego

1 łyżeczka nasion kminku

5-6 drobno posiekanych zielonych papryczek chilli

100 g ziemniaków, ugotowanych i posiekanych

metoda

- Sago moczymy przez noc w wodzie. Dodaj orzeszki ziemne, sól, cukier puder i liście kolendry i dobrze wymieszaj. Odłożyć na bok.
- W garnku rozgrzej olej. Dodaj nasiona kminku i zielone chili. Smaż przez około 30 sekund.
- Dodaj ziemniaki i smaż przez 1-2 minuty na średnim ogniu.
- Dodaj mieszankę sago. Wymieszaj i dobrze wymieszaj.
- Przykryć pokrywką i dusić przez 2-3 minuty. Podawać na gorąco.

zwykła dhokla

(Proste ciasto na parze)

Robi 25

Składniki

250 g/9 uncji chana dhal*, namoczone przez noc i odsączone

2 zielone chili

1 łyżeczka pasty imbirowej

szczypta asafetydy

½ łyżeczki wodorowęglanu sodu

Sól dla smaku

2 łyżki rafinowanego oleju roślinnego

½ łyżeczki nasion gorczycy

4-5 liści curry

4 łyżki startego świeżego kokosa

¼ uncji / 10 g liści kolendry, posiekanych

metoda

- Zmiel dhal na grubą pastę. Pozwól fermentować przez 6-8 godzin.
- Dodaj zielone papryczki chilli, pastę imbirową, asafetydę, sodę oczyszczoną, sól, 1 łyżkę oleju i trochę wody. Dobrze wymieszaj.
- Natłuścić okrągłą formę do ciasta o średnicy 20 cm i napełnić ją ciastem.
- Gotuj na parze przez 10-12 minut. Odłożyć na bok.
- Pozostały olej rozgrzej w rondlu. Dodać ziarna gorczycy i liście curry. Pozwól im skwierczeć przez 15 sekund.
- Wlej to na dhoklas. Udekoruj listkami kokosa i kolendry. Pokrój na kawałki i podawaj na gorąco.

Ziemniak Khaldi

dla 4 osób

Składniki

2 łyżeczki rafinowanego oleju roślinnego

1 łyżeczka nasion kminku

1 zielona papryczka chilli, posiekana

½ łyżeczki czarnej soli

1 łyżeczka amchooru*

1 łyżeczka mielonej kolendry

4 duże ziemniaki, ugotowane i pokrojone w kostkę

2 łyżki posiekanych liści kolendry

metoda

- W garnku rozgrzej olej. Dodaj nasiona kminku i pozwól im wypluwać przez 15 sekund.
- Dodać wszystkie pozostałe składniki. Dobrze wymieszaj. Gotuj na małym ogniu przez 3-4 minuty. Podawać na gorąco.

dhokla pomarańcza

(Gotowane na parze ciasto pomarańczowe)

Robi 25

Składniki

50g semoliny

250g / 9 uncji fasoli*

250 ml / 8 uncji kwaśnej śmietany

Sól dla smaku

100ml / 3½ uncji wody

4 ząbki czosnku

1 cm korzenia imbiru

3-4 zielone chilli

100 g startej marchwi

¾ łyżeczki sody oczyszczonej

¼ łyżeczki kurkumy

Rafinowany olej roślinny do smarowania

1 łyżeczka nasion gorczycy

10-12 liści curry

50 g / 1¾ uncji wiórków kokosowych

25 g / niecała 1 uncja liści kolendry, drobno posiekanych

metoda

- Wymieszaj semolinę, besan, śmietanę, sól i wodę. Pozwól fermentować przez noc.
- Zmiel czosnek, imbir i chilli razem.
- Dodaj do zakwasu razem z marchewką, sodą oczyszczoną i kurkumą. Dobrze wymieszaj.
- Okrągłą formę do ciasta o średnicy 20 cm wysmarować odrobiną oleju. Wlać do niego ciasto. Gotować na parze przez około 20 minut. Pozostaw do ostygnięcia i pokrój na kawałki.
- W garnku rozgrzej trochę oleju. Dodać ziarna gorczycy i liście curry. Smaż je przez 30 sekund. Wlej to na kawałki dhokla.
- Udekoruj listkami kokosa i kolendry. Podawać na gorąco.

kapusta muthia

(Nuggetsy Z Kapusty Na Parze)

dla 4 osób

Składniki

250 g mąki pełnoziarnistej

100 g posiekanej kapusty

½ łyżeczki pasty imbirowej

½ łyżeczki pasty czosnkowej

Sól dla smaku

2 łyżeczki cukru

1 łyżka soku z cytryny

2 łyżki rafinowanego oleju roślinnego

1 łyżeczka nasion gorczycy

1 łyżka posiekanych liści kolendry

metoda

- Wymieszaj mąkę, kapustę, pastę imbirową, pastę czosnkową, sól, cukier, sok z cytryny i 1 łyżkę oleju. Zagniataj, aż uzyskasz elastyczne ciasto.
- Z ciasta uformować 2 długie bułki. Gotować na parze przez 15 minut. Pozostaw do ostygnięcia i pokrój w plasterki. Odłożyć na bok.
- Pozostały olej rozgrzej w rondlu. Dodać ziarna gorczycy. Pozwól im skwierczeć przez 15 sekund.
- Dodać pokrojone bułeczki i smażyć na średnim ogniu na złoty kolor. Udekoruj listkami kolendry i podawaj na gorąco.

rava dhokla

(ciasto z kaszy manny na parze)

Robi 15-18

Składniki

200g semoliny

240 ml / 8 uncji kwaśnej śmietany

2 łyżeczki zielonego chilli

Sól dla smaku

1 łyżeczka czerwonego chili w proszku

1 łyżeczka mielonego czarnego pieprzu

metoda

- Wymieszaj semolinę i kwaśną śmietanę. Fermentuj przez 5-6 godzin.
- Dodać zielone chilli i sól. Dobrze wymieszaj.
- Przełóż mieszankę semoliny do okrągłej tortownicy o średnicy 20 cm / 8 cali. Posypać chili w proszku i pieprzem. Gotuj na parze przez 10 minut.
- Pokrój na kawałki i podawaj na gorąco z miętowym chutneyem.

Czapatti Upma

(Szybka przekąska chapati)

dla 4 osób

Składniki

6 pozostałych chapati pokrojonych na małe kawałki

2 łyżki rafinowanego oleju roślinnego

¼ łyżeczki gorczycy

10-12 liści curry

1 średnia cebula posiekana

2-3 zielone papryczki chilli, drobno posiekane

¼ łyżeczki kurkumy

sok z 1 cytryny

1 łyżeczka cukru

Sól dla smaku

¼ uncji / 10 g liści kolendry, posiekanych

metoda

- W garnku rozgrzej olej. Dodać ziarna gorczycy. Pozwól im skwierczeć przez 15 sekund.
- Dodaj liście curry, cebulę, chilli i kurkumę. Smaż na średnim ogniu, aż cebula zrobi się jasnobrązowa. Dodaj chapati.
- Posypać sokiem z cytryny, cukrem i solą. Dobrze wymieszaj i gotuj na średnim ogniu przez 5 minut. Udekoruj listkami kolendry i podawaj na gorąco.

Mung Dhokla

(Gotowane na Parze Ciasto Mung)

około 20 lat temu

Składniki

250 g / 9 uncji mung dhal*, moczyć przez 2 godziny

150 ml / 5 uncji kwaśnej śmietany

2 łyżki wody

Sól dla smaku

2 starte marchewki lub 25 g posiekanej kapusty

metoda

- Odcedź dhal i rozgnieć go.
- Dodaj śmietanę i wodę i fermentuj przez 6 godzin. Dodaj sól i dobrze wymieszaj, aby zrobić ciasto.
- Okrągłą formę do ciasta o średnicy 20 cm wysmarować masłem i wlać do niej ciasto. Posypać marchewką lub kapustą. Gotuj na parze przez 7-10 minut.
- Pokroić na kawałki i podawać z miętowym chutneyem

kotlet wołowy mughlai

(bogaty kotlet mięsny)

12 temu

Składniki

1 łyżeczka pasty imbirowej

1 łyżeczka pasty czosnkowej

Sól dla smaku

500 g siekanej jagnięciny bez kości

240 ml / 8 uncji wody

1 łyżka mielonego kminku

¼ łyżeczki kurkumy

Rafinowany olej roślinny do smażenia

2 ubite jajka

50 g / 1¾ uncji bułki tartej

metoda

- Wymieszaj pastę imbirową, pastę czosnkową i sól. W tej mieszance marynuj jagnięcinę przez 2 godziny.
- W rondlu gotuj jagnięcinę z wodą na średnim ogniu, aż będzie miękka. Zarezerwuj bulion i zarezerwuj jagnięcinę.
- Do bulionu dodać kminek i kurkumę. Dobrze wymieszaj.
- Przelej bulion do rondelka i gotuj na małym ogniu, aż woda odparuje. Ponownie marynuj jagnięcinę w tej mieszance przez 30 minut.
- W garnku rozgrzej olej. Zanurz każdy kawałek jagnięciny w roztrzepanym jajku, obtocz w bułce tartej i smaż na złoty kolor. Podawać na gorąco.

Masala Vada

(Pikantne Smażone Kluski)

Robi 15

Składniki

300 g/10 uncji chana dhal*, namoczone w 500 ml / 16 fl oz wody przez 3-4 godziny

50 g / 1¾ uncji cebuli, drobno posiekanej

25 g / niecała 1 uncja liści kolendry, posiekanych

25 g drobno posiekanego zielonego koperku

½ łyżeczki nasion kminku

Sól dla smaku

3 łyżki rafinowanego oleju roślinnego plus dodatkowo do smażenia

metoda

- Dhal grubo zmielić. Wymieszać ze wszystkimi składnikami oprócz oleju.
- Dodaj 3 łyżki oleju do mieszanki dhal. Twórz okrągłe i płaskie burgery.
- Pozostały olej rozgrzej na patelni. Smażymy burgery. Podawać na gorąco.

kapusta Chivda

(kanapka z kapustą i bitym ryżem)

dla 4 osób

Składniki

100 g kapusty drobno posiekanej

Sól dla smaku

3 łyżki rafinowanego oleju roślinnego

125 g / 4½ uncji orzeszków ziemnych

150 g / 5½ uncji chana dhal*, piec

1 łyżeczka nasion gorczycy

szczypta asafetydy

200 g / 7 uncji por*, namoczone w wodzie

1 łyżeczka pasty imbirowej

4 łyżeczki cukru

1 ½ łyżki soku z cytryny

25 g / niecała 1 uncja liści kolendry, posiekanych

metoda

- Kapustę wymieszać z solą i odstawić na 10 minut.
- Na patelni rozgrzej 1 łyżkę oleju. Smaż orzeszki ziemne i chana dhal przez 2 minuty na średnim ogniu. Odcedź i zarezerwuj.
- Pozostały olej rozgrzej na patelni. Smaż gorczycę, asafetydę i kapustę przez 2 minuty. Podlewamy niewielką ilością wody, przykrywamy pokrywką i gotujemy na małym ogniu przez 5 minut. Dodaj poha, pastę imbirową, cukier, sok z cytryny i sól. Dobrze wymieszaj i gotuj przez 10 minut.
- Udekoruj liśćmi kolendry, prażonymi orzeszkami ziemnymi i dhalem. Podawać na gorąco.

Besan Bhajji Chleb

(Kanapka z chlebem i mąką z ciecierzycy)

32 temu

Składniki

175 g / 6 uncji fasoli*

1250 ml / 5 uncji wody

½ łyżeczki nasion ajowanu

Sól dla smaku

Rafinowany olej roślinny do smażenia

8 kromek chleba przekrojonych na pół

metoda

- Zagnieść gęste ciasto, mieszając besan z wodą. Dodaj nasiona ajowan i sól. Ubij dobrze.
- Rozgrzej olej na patelni. Kawałki chleba maczać w cieście i smażyć na złoty kolor. Podawać na gorąco.

Methi Seekh Kebab

(Miętowe Szaszłyki Z Liśćmi Kozieradki)

Robi 8-10

Składniki

100 g / 3½ uncji liści kozieradki, posiekanych

3 duże ziemniaki, ugotowane i rozgniecione

1 łyżeczka pasty imbirowej

1 łyżeczka pasty czosnkowej

4 zielone papryczki chili drobno posiekane

1 łyżeczka mielonego kminku

1 łyżeczka mielonej kolendry

½ łyżeczki garam masali

Sól dla smaku

2 łyżki bułki tartej

Rafinowany olej roślinny do skropienia

metoda

- Wszystkie składniki poza olejem wymieszać. Formować hamburgery.
- Nakłuć i smażyć na grillu węglowym, polewając olejem i od czasu do czasu obracając. Podawać na gorąco.

Jhinga Hariyali

(zielona krewetka)

20 temu

Składniki

Sól dla smaku

sok z 1 cytryny

20 krewetek, obranych i pozbawionych żyłek (zachowaj ogon)

75 g drobno posiekanych liści mięty

75 g / 2½ uncji liści kolendry, posiekanych

1 łyżeczka pasty imbirowej

1 łyżeczka pasty czosnkowej

Szczypta garam masala

1 łyżka rafinowanego oleju roślinnego

1 mała cebula, pokrojona w plasterki

metoda

- Natrzyj krewetki solą i sokiem z cytryny. Pozwól odpocząć przez 20 minut.
- Zmiel 50 g liści mięty, 50 g liści kolendry, pastę imbirową, pastę czosnkową i garam masala.
- Dodać do krewetek i odstawić na 30 minut. Po wierzchu skropić olejem.
- Krewetki nakłuwamy i smażymy na grillu węglowym, od czasu do czasu obracając.
- Udekoruj pozostałymi liśćmi kolendry i mięty oraz pokrojoną cebulą. Podawać na gorąco.

methi adai

(naleśnik z kozieradki)

20-22 temu

Składniki

100 g ryżu

100 g / 3½ uncji urad dhal*

100 g / 3½ uncji mung dhal*

100 g / 3½ uncji chana dhal*

100 g / 3½ uncji Masoor Dhal*

szczypta asafetydy

6-7 liści curry

Sól dla smaku

50 g / 1¾ uncji świeżych liści kozieradki, posiekanych

Rafinowany olej roślinny do smarowania

metoda

- Ryż i dhal moczymy razem przez 3-4 godziny.
- Odcedź ryż i dhal, dodaj asafetydę, liście curry i sól. Zmiel grubo i pozostaw do wyrośnięcia na 7 godzin. Dodaj liście kozieradki.
- Nasmaruj patelnię i rozgrzej ją. Dodaj łyżkę sfermentowanej mieszanki i rozłóż, aby uformować naleśnik. Wlej trochę oleju wokół krawędzi i smaż na średnim ogniu przez 3-4 minuty. Odwróć i gotuj jeszcze 2 minuty.
- Czynność powtórzyć dla reszty ciasta. Podawać na gorąco z kokosowym chutneyem.

groszek chaat

dla 4 osób

Składniki

2 łyżeczki rafinowanego oleju roślinnego

½ łyżeczki nasion kminku

300 g / 10 uncji groszku konserwowego

½ łyżeczki amchooru*

¼ łyżeczki kurkumy

¼ łyżeczki garam masali

1 łyżeczka soku z cytryny

5 cm / 2 cale korzenia imbiru, obrany i pokrojony w julienkę

metoda

- W garnku rozgrzej olej. Dodaj nasiona kminku i pozwól im wypluwać przez 15 sekund. Dodaj groszek, amchoor, kurkumę i garam masala. Dobrze wymieszaj i gotuj przez 2-3 minuty, od czasu do czasu mieszając.
- Udekoruj sokiem z cytryny i imbirem. Podawać na gorąco.

shingada

(Bengalski Cząber)

Robi 8-10

Składniki

2 łyżki rafinowanego oleju roślinnego plus dodatkowo do smażenia

1 łyżeczka nasion kminku

200g gotowanego groszku

2 ziemniaki, ugotowane i pokrojone

1 łyżeczka mielonej kolendry

Sól dla smaku

Na ciasto:

350 g / 12 uncji zwykłej białej mąki

¼ łyżeczki soli

Trochę wody

metoda

- W garnku rozgrzej 2 łyżki oleju. Dodaj nasiona kminku. Pozwól im skwierczeć przez 15 sekund. Dodaj groszek, ziemniaki, mieloną kolendrę i sól. Dobrze wymieszaj i smaż na średnim ogniu przez 5 minut. Odłożyć na bok.
- Ze składników ciasta uformuj rożki, jak w przepisie Papa Samosa. Napełnij rożki mieszanką warzywną i zamknij.
- Pozostały olej rozgrzej na patelni. Smażyć szyszki na średnim ogniu na złoty kolor. Podawać na gorąco z miętowym chutneyem

Cebula Bhajia

(Placki cebulowe)

20 temu

Składniki

250g / 9 uncji fasoli*

4 duże cebule, cienko pokrojone

Sól dla smaku

½ łyżeczki kurkumy

150 ml / 5 uncji wody

Rafinowany olej roślinny do smażenia

metoda

- Wymieszaj besan, cebulę, sól i kurkumę. Dodać wodę i dobrze wymieszać.
- Rozgrzej olej na patelni. Dodaj łyżki mieszanki i smaż na złoty kolor. Odsączyć na chłonnym papierze i podawać gorące.

bagani murgh

(Kurczak W Makaronie Z Orzechów Nerkowca)

12 temu

Składniki

500 g kurczaka bez kości, pokrojonego w kostkę

1 mała cebula, pokrojona w plasterki

1 pokrojony pomidor

1 pokrojony ogórek

1 łyżeczka pasty imbirowej

1 łyżeczka pasty czosnkowej

2 zielone papryczki chilli drobno posiekane

10 g / ¼ uncji listków mięty, zmiażdżonych

10 g / ¼ uncji mielonych liści kolendry

Sól dla smaku

Na marynatę:

6-7 orzechów nerkowca zmielonych na pastę

2 łyżki śmietany

metoda

- Składniki marynaty wymieszać. W tej mieszance marynuj kurczaka przez 4-5 godzin.
- Nakłuć i smażyć na grillu węglowym, od czasu do czasu obracając.
- Udekorować cebulą, pomidorem i ogórkiem. Podawać na gorąco.

ziemniaczane tikki

(placki ziemniaczane)

12 temu

Składniki

4 duże ziemniaki, ugotowane i rozgniecione

1 łyżeczka pasty imbirowej

1 łyżeczka pasty czosnkowej

sok z 1 cytryny

1 duża cebula, drobno posiekana

25 g / niecała 1 uncja liści kolendry, posiekanych

¼ łyżeczki chili w proszku

Sól dla smaku

2 łyżki mąki ryżowej

3 łyżki rafinowanego oleju roślinnego

metoda

- Ziemniaki wymieszać z pastą imbirową, pastą czosnkową, sokiem z cytryny, cebulą, liśćmi kolendry, chilli w proszku i solą. Dobrze ugniataj. Formować hamburgery.
- Posyp burgery mąką ryżową.
- Rozgrzej olej na patelni. Smaż burgery na średnim ogniu na złoty kolor. Odcedź i podawaj na gorąco z miętowym chutneyem.

Słodki ziemniak Vada

(Smażone kluski ziemniaczane w cieście)

12-14 temu

Składniki

1 łyżeczka rafinowanego oleju roślinnego plus dodatkowo do smażenia

½ łyżeczki nasion gorczycy

½ łyżeczki urad dhal*

½ łyżeczki kurkumy

5 ziemniaków, ugotowanych i rozgniecionych

Sól dla smaku

sok z 1 cytryny

250g / 9 uncji fasoli*

szczypta asafetydy

120 ml / 4 uncje wody

metoda

- Na patelni rozgrzej 1 łyżeczkę oleju. Dodać gorczycę, urad dhal i kurkumę. Pozwól im skwierczeć przez 15 sekund.
- Wlej to na ziemniaki. Dodać również sól i sok z cytryny. Dobrze wymieszaj.
- Podziel masę ziemniaczaną na kulki wielkości orzecha włoskiego. Odłożyć na bok.
- Wymieszaj besan, asafetydę, sól i wodę, aby zrobić ciasto.
- Pozostały olej rozgrzej na patelni. Zanurz kulki ziemniaczane w cieście i smaż na złoty kolor. Odcedź i podawaj z miętowym chutneyem.

Mini kebab z kurczaka

Sprawia, że 8

Składniki

350 g / 12 uncji kurczaka, posiekanego

125 g / 4½ uncji fasoli*

1 duża cebula, drobno posiekana

½ łyżeczki pasty imbirowej

½ łyżeczki pasty czosnkowej

1 łyżeczka soku z cytryny

¼ łyżeczki mielonego zielonego kardamonu

1 łyżka posiekanych liści kolendry

Sól dla smaku

1 łyżka nasion sezamu

metoda

- Wymieszaj wszystkie składniki oprócz sezamu.
- Podziel mieszaninę na małe kulki i posyp sezamem.
- Piec w piekarniku nagrzanym do 190ºC (375ºF, Gas Mark 5) przez 25 minut. Podawać na gorąco z miętowym chutneyem.

rissole z soczewicy

12 temu

Składniki

2 łyżki rafinowanego oleju roślinnego plus dodatkowo do smażenia

2 małe cebule, drobno posiekane

2 drobno pokrojone marchewki

600 g / 1 funt 5 uncji Masoor Dhal*

500 ml / 16 uncji wody

2 łyżki mielonej kolendry

Sól dla smaku

25 g / niecała 1 uncja liści kolendry, posiekanych

100 g / 3½ uncji bułki tartej

2 łyżki zwykłej białej mąki

1 ubite jajko

metoda

- Na patelni rozgrzej 1 łyżkę oleju. Dodaj cebulę i marchewkę i gotuj na średnim ogniu przez 2-3 minuty, często mieszając. Dodaj masoor dhal, wodę, mieloną kolendrę i sól. Gotować na małym ogniu przez 30 minut, mieszając.
- Dodaj listki kolendry i połowę bułki tartej. Dobrze wymieszaj.
- Uformować kształt kiełbasy i przykryć mąką. Krokiety maczać w roztrzepanym jajku i obtaczać w pozostałej bułce tartej. Odłożyć na bok.
- Pozostały olej rozgrzać. Smaż krokiety na złoty kolor, obracając raz. Podawać na gorąco z zielonym chutneyem kokosowym.

pożywna poha

dla 4 osób

Składniki

1 łyżka rafinowanego oleju roślinnego

125 g / 4½ uncji orzeszków ziemnych

1 drobno posiekana cebula

¼ łyżeczki kurkumy

Sól dla smaku

1 ziemniak, ugotowany i posiekany

200 g / 7 uncji por*, moczyć przez 5 minut i odsączyć

1 łyżeczka soku z cytryny

1 łyżka posiekanych liści kolendry

metoda

- W garnku rozgrzej olej. Smaż orzeszki ziemne, cebulę, kurkumę i sól na średnim ogniu przez 2-3 minuty.
- Dodaj ziemniaka i poha. Smażyć na małym ogniu, aż do równomiernego wymieszania.
- Udekoruj sokiem z cytryny i listkami kolendry. Podawać na gorąco.

Zwykły bób

(Fasola w pikantnym sosie)

dla 4 osób

Składniki

300 g/10 uncji Masoor Dhal*, moczone w gorącej wodzie przez 20 minut

¼ łyżeczki kurkumy

Sól dla smaku

50 g zielonej fasoli, drobno posiekanej

240 ml / 8 uncji wody

1 łyżka rafinowanego oleju roślinnego

¼ łyżeczki gorczycy

trochę liści curry

Sól dla smaku

metoda

- Wymieszaj dhal, kurkumę i sól. Ucieraj, aż uzyskasz gęstą pastę.
- Gotować na parze przez 20-25 minut. Pozostaw do ostygnięcia na 20 minut. Rozdrobnij mieszankę palcami. Odłożyć na bok.
- Gotuj zieloną fasolkę z wodą i odrobiną soli w rondlu na średnim ogniu, aż będzie miękka. Odłożyć na bok.
- W garnku rozgrzej olej. Dodać ziarna gorczycy. Pozwól im skwierczeć przez 15 sekund. Dodaj liście curry i pokruszony dhal.
- Smaż około 3-4 minuty na średnim ogniu do miękkości. Dodaj ugotowaną fasolę i dobrze wymieszaj. Podawać na gorąco.

Chleb Chutney Pakoda

dla 4 osób

Składniki

250g / 9 uncji fasoli*

150 ml / 5 uncji wody

½ łyżeczki nasion ajowanu

125 g ostrego sosu miętowego

12 kromek chleba

Rafinowany olej roślinny do smażenia

metoda

- Zmieszaj besan z wodą, aby uzyskać ciasto o konsystencji mieszanki naleśnikowej. Dodaj nasiona ajowan i lekko ubij. Odłożyć na bok.
- Rozłóż miętowy chutney na jednej kromce chleba i połóż drugą na wierzchu. Powtórz dla wszystkich kromek chleba. Przetnij je po przekątnej na pół.
- Rozgrzej olej na patelni. Zanurz kanapki w cieście i smaż na średnim ogniu na złoty kolor. Podawać gorące z sosem pomidorowym.

Rozkosz Methi Khakry

(przekąska z kozieradki)

Robi 16

Składniki

50 g / 1¾ uncji świeżych liści kozieradki, drobno posiekanych

300 g / 10 uncji mąki pełnoziarnistej

1 łyżeczka chili w proszku

¼ łyżeczki kurkumy

½ łyżeczki mielonej kolendry

1 łyżka rafinowanego oleju roślinnego

Sól dla smaku

120 ml / 4 uncje wody

metoda

- Wymieszaj wszystkie składniki razem. Zagniataj, aż uzyskasz gładkie, ale zwarte ciasto.
- Podziel ciasto na 16 kulek wielkości cytryny. Rozwałkować na bardzo cienkie krążki.
- Rozgrzej płaską patelnię. Umieść krążki na płaskiej patelni i smaż, aż będą chrupiące. Powtórz dla drugiej strony. Przechowywać w hermetycznym pojemniku.

zielony kotlet

12 temu

Składniki

200 g drobno posiekanego szpinaku

4 ziemniaki, ugotowane i rozgniecione

200 g / 7 uncji mung dhal*, gotowane i kruszone

25 g / niecała 1 uncja liści kolendry, posiekanych

2 zielone papryczki chilli drobno posiekane

1 łyżeczka garam masali

1 duża cebula, drobno posiekana

Sól dla smaku

1 łyżeczka pasty czosnkowej

1 łyżeczka pasty imbirowej

Rafinowany olej roślinny do smażenia

250 g bułki tartej

metoda

- Wymieszaj szpinak i ziemniaki. Dodaj mung dhal, liście kolendry, zielone chilli, garam masala, cebulę, sól, pastę czosnkową i pastę imbirową. Dobrze ugniataj.
- Podziel masę na porcje wielkości orzecha włoskiego i uformuj kotlety.
- Rozgrzej olej na patelni. Kotlety obtaczamy w bułce tartej i smażymy na złoty kolor. Podawać na gorąco.

Handvo

(słone ciasto z kaszy manny)

dla 4 osób

Składniki

100g semoliny

125 g / 4½ uncji fasoli*

200 g jogurtu

25g tykwy w butelce / niecała 1 uncja, starta

1 starta marchewka

25 g zielonego groszku

½ łyżeczki kurkumy

½ łyżeczki chili w proszku

½ łyżeczki pasty imbirowej

½ łyżeczki pasty czosnkowej

1 drobno posiekana zielona papryczka chilli

Sól dla smaku

szczypta asafetydy

½ łyżeczki wodorowęglanu sodu

4 łyżki rafinowanego oleju roślinnego

¾ łyżeczki gorczycy

½ łyżeczki nasion sezamu

metoda

- Wymieszaj semolinę, besan i jogurt w rondlu. Dodaj startą tykwę butelkową oraz marchewkę i groszek.
- Dodaj kurkumę, chili w proszku, pastę imbirową, pastę czosnkową, zielone chili, sól i asafetydę, aby zrobić ciasto. Powinno mieć konsystencję ciasta naleśnikowego. Jeśli nie, dodaj kilka łyżek wody.
- Dodaj sodę oczyszczoną i dobrze wymieszaj. Odłożyć na bok.
- W garnku rozgrzej olej. Dodaj musztardę i sezam. Pozwól im skwierczeć przez 15 sekund.
- Masę wlać do rondelka. Przykryj pokrywką i gotuj na małym ogniu przez 10-12 minut.
- Odkryć i ostrożnie obrócić ciasto za pomocą szpatułki. Ponownie przykryj i gotuj przez kolejne 15 minut.
- Nakłuć widelcem, aby sprawdzić, czy jest gotowe. Jeśli się ugotuje, widelec wyjdzie czysty. Podawać na gorąco.

ghugra

(Półksiężyce Z Pikantnymi Środkami Warzywnymi)

dla 4 osób

Składniki

5 łyżek rafinowanego oleju roślinnego plus dodatkowo do smażenia

szczypta asafetydy

400 g / 14 uncji groszku konserwowego, mielonego

250 ml / 8 uncji wody

Sól dla smaku

5 cm / 2 calowy korzeń imbiru, drobno posiekany

2 łyżeczki soku z cytryny

1 łyżka posiekanych liści kolendry

350 g / 12 uncji mąki pełnoziarnistej

metoda

- W garnku rozgrzej 2 łyżki oleju. Dodać asafetydę. Gdy się zagotuje, dodaj groszek i 120 ml wody. Gotuj na średnim ogniu przez 3 minuty.

- Dodaj sól, imbir i sok z cytryny. Dobrze wymieszaj i gotuj przez kolejne 5 minut. Po wierzchu posypać listkami kolendry i odstawić.

- Mąkę zagnieść z solą, pozostałą wodą i 3 łyżkami oleju. Podzielić na małe kulki i rozwałkować na okrągłe krążki o średnicy 10 cm.

- Nałóż trochę mieszanki grochu na każdy krążek, tak aby połowa krążka była pokryta mieszanką. Złóż drugą połowę, aby uzyskać kształt litery „D". Uszczelnij, dociskając krawędzie do siebie.

- Podgrzej olej. Smaż ghugras na średnim ogniu na złoty kolor. Podawać na gorąco.

kebab bananowy

20 temu

Składniki

6 zielonych bananów

1 łyżeczka pasty imbirowej

250g / 9 uncji fasoli*

25 g / niecała 1 uncja liści kolendry, posiekanych

½ łyżeczki chili w proszku

1 łyżeczka amchooru*

sok z 1 cytryny

Sól dla smaku

240 ml rafinowanego oleju roślinnego do płytkiego smażenia

metoda

- Gotuj banany ze skórką przez 10-15 minut. Odcedź i obierz.

- Wymieszać z pozostałymi składnikami oprócz oleju. Formować hamburgery.

- Rozgrzej olej na patelni. Burgery smażymy na złoty kolor. Podawać na gorąco.

Zunka

(pikantne curry z mąki gram)

dla 4 osób

Składniki

750 g / 1 funt 10 uncji pocałunek*, sucha pieczeń

400 ml / 14 uncji wody

4 łyżki rafinowanego oleju roślinnego

½ łyżeczki nasion gorczycy

½ łyżeczki nasion kminku

½ łyżeczki kurkumy

3-4 zielone papryczki chilli, pokrojone wzdłuż

10 ząbków czosnku, zmiażdżonych

3 małe cebule, drobno posiekane

1 łyżeczka pasty z tamaryndowca

Sól dla smaku

metoda

- Wymieszaj besan z wystarczającą ilością wody, aby utworzyć gęstą pastę. Odłożyć na bok.

- W garnku rozgrzej olej. Dodać gorczycę i kminek. Pozwól im skwierczeć przez 15 sekund. Dodaj pozostałe składniki. Smaż przez minutę. Dodaj pastę besan i ciągle mieszaj na małym ogniu, aż zgęstnieje. Podawać na gorąco.

curry z rzepy

dla 4 osób

Składniki

3 łyżeczki maku

3 łyżeczki nasion sezamu

3 łyżeczki nasion kolendry

3 łyżeczki startego świeżego kokosa

125g jogurtu

120 ml rafinowanego oleju roślinnego

2 duże cebule, drobno posiekane

1½ łyżeczki chili w proszku

1 łyżeczka pasty imbirowej

1 łyżeczka pasty czosnkowej

400 g posiekanej rzepy

Sól dla smaku

metoda

- Mak, sezam, kolendrę i kokos prażyć na sucho przez 1-2 minuty. Zmiel, aż uzyskasz pastę.

- Ubij tę pastę z jogurtem. Odłożyć na bok.

- W garnku rozgrzej olej. Dodaj pozostałe składniki. Smaż je na średnim ogniu przez 5 minut. Dodaj mieszankę jogurtową. Gotuj na małym ogniu przez 7-8 minut. Podawać na gorąco.

Chhaner Dhalna

(panel w stylu bengalskim)

dla 4 osób

Składniki

2 łyżki oleju musztardowego plus dodatkowo do smażenia

Paneer 225 g / 8 uncji*, pokrojony w kostkę

2,5 cm / 1 cal cynamonu

3 zielone strąki kardamonu

4 zęby

½ łyżeczki nasion kminku

1 łyżeczka kurkumy

2 duże ziemniaki, pokrojone w kostkę i usmażone

½ łyżeczki chili w proszku

2 łyżeczki cukru

Sól dla smaku

250 ml / 8 uncji wody

2 łyżki posiekanych liści kolendry

metoda

- Na patelni rozgrzej olej do smażenia. Dodaj pane i smaż na średnim ogniu na złoty kolor. Odcedź i zarezerwuj.

- Pozostały olej rozgrzej w rondlu. Dodać pozostałe składniki oprócz wody i liści kolendry. Smażyć przez 2-3 minuty.

- Dodaj wodę. Gotuj na małym ogniu przez 7-8 minut. Dodać paneera. Gotuj jeszcze przez 5 minut. Udekoruj listkami kolendry. Podawać na gorąco.

kukurydza z kokosem

dla 4 osób

Składniki

2 łyżki ghee

600 g gotowanych ziaren kukurydzy

1 łyżeczka cukru

1 łyżeczka soli

10 g / ¼ uncji liści kolendry, drobno posiekanych

Na pastę kokosową:

50 g / 1¾ uncji rozdrobnionego świeżego kokosa

3 łyżki maku

1 łyżeczka nasion kolendry

2,5 cm / 1 cal korzenia imbiru pokrojonego w julienne

3 zielone chilli

125 g / 4½ uncji orzeszków ziemnych

metoda

- Zmiel wszystkie składniki na pastę kokosową. Podgrzej ghee na patelni. Dodaj makaron i smaż przez 4-5 minut, ciągle mieszając.

- Dodaj kukurydzę, cukier i sól. Gotuj na małym ogniu przez 4-5 minut.

- Udekoruj listkami kolendry. Podawać na gorąco.

Zielona Papryka Z Ziemniakami

dla 4 osób

Składniki

2 łyżki rafinowanego oleju roślinnego

1 łyżeczka nasion kminku

10 ząbków czosnku drobno posiekanych

3 duże ziemniaki, pokrojone w kostkę

2 łyżeczki mielonej kolendry

1 łyżeczka mielonego kminku

½ łyżeczki kurkumy

½ łyżeczki amchooru*

½ łyżeczki garam masali

Sól dla smaku

3 duże zielone papryki pokrojone w julienne

3 łyżki posiekanych liści kolendry

metoda

- W garnku rozgrzej olej. Dodaj nasiona kminku i czosnek. Smażyć przez 30 sekund.

- Dodać pozostałe składniki oprócz papryki i liści kolendry. Smażyć na średnim ogniu przez 5-6 minut.

- Dodaj papryki. Smażyć na małym ogniu jeszcze przez 5 minut. Udekoruj listkami kolendry. Podawać na gorąco.

Pikantny groszek z ziemniakami

dla 4 osób

Składniki

2 łyżki rafinowanego oleju roślinnego

1 łyżeczka pasty imbirowej

1 duża cebula, drobno posiekana

2 duże ziemniaki, pokrojone w kostkę

500 g groszku konserwowego

½ łyżeczki kurkumy

Sól dla smaku

½ łyżeczki garam masali

2 duże pomidory, pokrojone w kostkę

½ łyżeczki chili w proszku

1 łyżeczka cukru

1 łyżka posiekanych liści kolendry

metoda

- W garnku rozgrzej olej. Dodaj pastę imbirową i cebulę. Smaż je, aż cebula będzie przezroczysta.

- Dodać pozostałe składniki oprócz liści kolendry. Dobrze wymieszaj. Przykryć pokrywką i dusić przez 10 minut.

- Udekoruj listkami kolendry. Podawać na gorąco.

duszone grzybki

dla 4 osób

Składniki

2 łyżki rafinowanego oleju roślinnego

4 zielone papryczki chilli, pokrojone wzdłuż

8 ząbków czosnku, zmiażdżonych

100 g zielonej papryki, pokrojonej w plasterki

400 g pieczarek pokrojonych w plastry

Sól dla smaku

½ łyżeczki grubo mielonego czarnego pieprzu

25 g / niecała 1 uncja liści kolendry, posiekanych

metoda

- Rozgrzej olej na patelni. Dodaj chilli, czosnek i zieloną paprykę. Smaż je na średnim ogniu przez 1-2 minuty.

- Dodać pieczarki, sól i pieprz. Dobrze wymieszaj. Smażyć na średnim ogniu do miękkości. Udekoruj listkami kolendry. Podawać na gorąco.

Pikantne pieczarki z młodą kukurydzą

dla 4 osób

Składniki

2 łyżki rafinowanego oleju roślinnego

1 łyżeczka nasion kminku

2 liście laurowe

1 łyżeczka pasty imbirowej

2 zielone papryczki chilli drobno posiekane

1 duża cebula, drobno posiekana

200 g pieczarek, przekrojonych na pół

8-10 młodych flaków, posiekanych

125 g / 4½ uncji przecieru pomidorowego

½ łyżeczki kurkumy

Sól dla smaku

½ łyżeczki garam masali

½ łyżeczki cukru

¼ uncji / 10 g liści kolendry, posiekanych

metoda

- W garnku rozgrzej olej. Dodaj nasiona kminku i liście laurowe. Pozwól im skwierczeć przez 15 sekund.

- Dodaj pastę imbirową, zielone chilli i cebulę. Smażyć przez 1-2 minuty.

- Dodać pozostałe składniki oprócz liści kolendry. Dobrze wymieszaj. Przykryć pokrywką i dusić przez 10 minut.

- Udekoruj listkami kolendry. Podawać na gorąco.

Wysuszony Pikantny Kalafior

dla 4 osób

Składniki

750 g / 1 funt 10 uncji różyczek kalafiora

Sól dla smaku

szczypta kurkumy

4 liście laurowe

750 ml / 1¼ litra wody

2 łyżki rafinowanego oleju roślinnego

4 zęby

4 zielone strąki kardamonu

1 duża cebula, pokrojona w plasterki

1 łyżeczka pasty imbirowej

1 łyżeczka pasty czosnkowej

1 łyżeczka garam masali

½ łyżeczki chili w proszku

¼ łyżeczki mielonego czarnego pieprzu

10 orzechów nerkowca, zmielonych

2 łyżki jogurtu

3 łyżki przecieru pomidorowego

3 łyżki masła

60 ml / 2 uncje płynnej śmietany

metoda

- Gotuj kalafior z solą, kurkumą, liściem laurowym i wodą w rondlu na średnim ogniu przez 10 minut. Odsączyć i ułożyć różyczki w żaroodpornym naczyniu. Odłożyć na bok.

- W garnku rozgrzej olej. Dodaj goździki i kardamon. Pozwól im skwierczeć przez 15 sekund.

- Dodaj cebulę, pastę imbirową i pastę czosnkową. Smaż przez minutę.

- Dodaj garam masala, chili w proszku, pieprz i orzechy nerkowca. Smażyć przez 1-2 minuty.

- Dodaj jogurt i przecier pomidorowy. Dobrze wymieszaj. Dodaj masło i śmietanę. Mieszaj przez minutę. Zdjąć z ognia.

- Wylej to na różyczki kalafiora. Piec w temperaturze 150°C (300°F, Gas Mark 2) w nagrzanym piekarniku przez 8-10 minut. Podawać na gorąco.

curry grzybowe

dla 4 osób

Składniki

3 łyżki rafinowanego oleju roślinnego

2 duże cebule, starte

1 łyżeczka pasty imbirowej

1 łyżeczka pasty czosnkowej

½ łyżeczki kurkumy

1 łyżeczka chili w proszku

1 łyżeczka mielonej kolendry

400 g / 14 uncji pieczarek, pokrojonych na ćwiartki

200g groszku

2 pomidory, drobno posiekane

½ łyżeczki garam masali

Sól dla smaku

20 orzechów nerkowca, zmielonych

240 ml / 6 uncji wody

metoda

- W garnku rozgrzej olej. Dodaj cebulę. Smaż je na złoty kolor.

- Dodaj pastę imbirową, pastę czosnkową, kurkumę, chili w proszku i mieloną kolendrę. Smaż na średnim ogniu przez minutę.

- Dodaj pozostałe składniki. Dobrze wymieszaj. Przykryj pokrywką i gotuj na małym ogniu przez 8-10 minut. Podawać na gorąco.

baingan bharta

(Pieczony Bakłażan)

dla 4 osób

Składniki

1 duży bakłażan

3 łyżki rafinowanego oleju roślinnego

1 duża cebula, drobno posiekana

3 zielone papryczki chilli, pokrojone wzdłuż

¼ łyżeczki kurkumy

Sól dla smaku

½ łyżeczki garam masali

1 pomidor, drobno posiekany

metoda

- Bakłażana nakłuwamy w całości widelcem i pieczemy przez 25 minut. Po ostygnięciu wyrzucić upieczoną skórkę i zetrzeć miąższ. Odłożyć na bok.

- W garnku rozgrzej olej. Dodać cebulę i zielone chilli. Smażyć na średnim ogniu przez 2 minuty.

- Dodaj kurkumę, sól, garam masala i pomidory. Dobrze wymieszaj. Smażyć przez 5 minut. Dodaj puree z bakłażana. Dobrze wymieszaj.

- Gotuj na małym ogniu przez 8 minut, od czasu do czasu mieszając. Podawać na gorąco.

hyderabadi warzywne

dla 4 osób

Składniki

2 łyżki rafinowanego oleju roślinnego

½ łyżeczki nasion gorczycy

1 duża cebula, drobno posiekana

400 g / 14 uncji mrożonych mieszanych warzyw

½ łyżeczki kurkumy

Sól dla smaku

Na mieszankę przypraw:

2,5 cm / 1 cal korzenia imbiru

8 ząbków czosnku

2 zęby

2,5 cm / 1 cal cynamonu

1 łyżeczka nasion kozieradki

3 zielone chilli

4 łyżki startego świeżego kokosa

10 orzechów nerkowca

metoda

- Wszystkie składniki mieszanki przyprawowej zmiksować. Odłożyć na bok.

- W garnku rozgrzej olej. Dodać ziarna gorczycy. Pozwól im skwierczeć przez 15 sekund. Dodać cebulę i smażyć na złoty kolor.

- Dodaj pozostałe składniki i zmieloną mieszankę przypraw. Dobrze wymieszaj. Gotuj na małym ogniu przez 8-10 minut. Podawać na gorąco.

Kaddu Bhaji*

(Suszona Czerwona Tykwa)

dla 4 osób

Składniki

3 łyżki rafinowanego oleju roślinnego

½ łyżeczki nasion kminku

¼ łyżeczki nasion kozieradki

600 g dyni, pokrojonej w cienkie plasterki

Sól dla smaku

½ łyżeczki prażonych mielonych kminku

½ łyżeczki chili w proszku

¼ łyżeczki kurkumy

1 łyżeczka amchooru*

1 łyżeczka cukru

metoda

- W garnku rozgrzej olej. Dodaj kminek i nasiona kozieradki. Pozwól im skwierczeć przez 15 sekund. Dodać dynię i sól. Dobrze wymieszaj. Przykryj pokrywką i gotuj na średnim ogniu przez 8 minut.

- Odkryć i lekko rozgnieść wierzchem łyżki. Dodaj pozostałe składniki. Dobrze wymieszaj. Gotuj przez 5 minut. Podawać na gorąco.

Muthia nu Shak

(Klopsiki Z Kozieradki W Sosie)

dla 4 osób

Składniki

200 g / 7 uncji świeżych liści kozieradki, drobno posiekanych

Sól dla smaku

4½ uncji / 125 g mąki pełnoziarnistej

125 g / 4½ uncji fasoli*

2 zielone papryczki chilli drobno posiekane

1 łyżeczka pasty imbirowej

3 łyżeczki cukru

sok z 1 cytryny

½ łyżeczki garam masali

½ łyżeczki kurkumy

szczypta sody oczyszczonej

3 łyżki rafinowanego oleju roślinnego

½ łyżeczki nasion ajowanu

½ łyżeczki nasion gorczycy

szczypta asafetydy

250 ml / 8 uncji wody

metoda

- Wymieszaj liście kozieradki z solą. Odstaw na 10 minut. Wyciśnij wilgoć.

- Wymieszaj liście kozieradki z mąką, besanem, zielonymi chilli, pastą imbirową, cukrem, sokiem z cytryny, garam masala, kurkumą i sodą oczyszczoną. Zagniataj, aż uzyskasz gładkie ciasto.

- Z ciasta uformować 30 kulek wielkości orzecha włoskiego. Lekko spłaszczyć, aby uformować muthias. Odłożyć na bok.

- W garnku rozgrzej olej. Dodać ajowan, gorczycę i asafetydę. Pozwól im skwierczeć przez 15 sekund.

- Dodaj muthias i wodę.

- Przykryj pokrywką i gotuj na małym ogniu przez 10-15 minut. Podawać na gorąco.

Dynia Koot

(Dynia Z Soczewicą Curry)

dla 4 osób

Składniki

50 g / 1¾ uncji rozdrobnionego świeżego kokosa

1 łyżeczka nasion kminku

2 czerwone chilli

150 g / 5½ uncji mung dhal*, moczyć przez 30 minut i odsączyć

2 łyżki chana dhal*

Sól dla smaku

500 ml / 16 uncji wody

2 łyżki rafinowanego oleju roślinnego

250g dyni, pokrojonej w kostkę

¼ łyżeczki kurkumy

metoda

- Zmiel kokos, nasiona kminku i czerwone chili na pastę. Odłożyć na bok.

- Wymieszaj dhal z solą i wodą. Gotuj tę mieszaninę w rondlu na średnim ogniu przez 40 minut. Odłożyć na bok.

- W garnku rozgrzej olej. Dodaj dynię, kurkumę, gotowane dhal i pastę kokosową. Dobrze wymieszaj. Gotuj na małym ogniu przez 10 minut. Podawać na gorąco.

rasa

(Kalafior I Groch W Sosie)

dla 4 osób

Składniki

2 łyżki rafinowanego oleju roślinnego plus dodatkowo do smażenia

250 g / 9 uncji różyczek kalafiora

2 łyżki startego świeżego kokosa

1 cm / ½ cala korzenia imbiru, zmiażdżony

4-5 zielonych papryczek chilli, przekrojonych wzdłuż

2-3 pomidory, drobno posiekane

400 g mrożonego groszku

1 łyżeczka cukru

Sól dla smaku

metoda

- W garnku rozgrzej olej do smażenia. Dodaj kalafior. Smażyć na średnim ogniu do złotego koloru. Odcedź i zarezerwuj.
- Zmiel kokos, imbir, zielone chilli i pomidory. W garnku rozgrzej 2 łyżki oleju. Dodaj tę pastę i smaż przez 1-2 minuty.
- Dodaj kalafiora i resztę składników. Dobrze wymieszaj. Gotuj na małym ogniu przez 4-5 minut. Podawać na gorąco.

Doodhi Manpasand

(Butelkowa tykwa w sosie)

dla 4 osób

Składniki

3 łyżki rafinowanego oleju roślinnego

3 suszone czerwone chilli

1 duża cebula, drobno posiekana

Butelka tykwy 500g/1lb 2 uncje*, Porąbane

¼ łyżeczki kurkumy

2 łyżeczki mielonej kolendry

1 łyżeczka mielonego kminku

½ łyżeczki chili w proszku

½ łyżeczki garam masali

2,5 cm korzenia imbiru, drobno posiekanego

2 pomidory, drobno posiekane

1 zielona papryka, pozbawiona gniazd nasiennych i drobno posiekana

Sól dla smaku

2 łyżeczki liści kolendry, drobno posiekanych

metoda

- W garnku rozgrzej olej. Smaż czerwone papryczki chilli i cebulę przez 2 minuty.
- Dodać pozostałe składniki oprócz liści kolendry. Dobrze wymieszaj. Gotuj na małym ogniu przez 5-7 minut. Udekoruj listkami kolendry. Podawać na gorąco.

Pomidor Chokha

(Kompot pomidorowy)

dla 4 osób

Składniki

6 dużych pomidorów

2 łyżki rafinowanego oleju roślinnego

1 duża cebula, drobno posiekana

8 ząbków czosnku drobno posiekanych

1 drobno posiekana zielona papryczka chilli

½ łyżeczki chili w proszku

10 g / ¼ uncji liści kolendry, drobno posiekanych

Sól dla smaku

metoda

- Piecz pomidory przez 10 minut. Obierz i zmiel, aż uzyskasz miąższ. Odłożyć na bok.
- W garnku rozgrzej olej. Dodać cebulę, czosnek i zielone chilli. Smażyć przez 2-3 minuty. Dodaj pozostałe składniki i przecier pomidorowy. Dobrze wymieszaj. Przykryj pokrywką i gotuj przez 5-6 minut. Podawać na gorąco.

Baingan Chokha

(Kompot z Bakłażana)

dla 4 osób

Składniki

1 duży bakłażan

2 łyżki rafinowanego oleju roślinnego

1 mała posiekana cebula

8 ząbków czosnku drobno posiekanych

1 drobno posiekana zielona papryczka chilli

1 pomidor, drobno posiekany

60 g gotowanych ziaren kukurydzy

10 g / ¼ uncji liści kolendry, drobno posiekanych

Sól dla smaku

metoda

- Nakłuj całego bakłażana widelcem. Grillować przez 10-15 minut. Obierz i zmiel, aż uzyskasz miąższ. Odłożyć na bok.
- W garnku rozgrzej olej. Dodać cebulę, czosnek i zielone chilli. Smaż je na średnim ogniu przez 5 minut.
- Dodać pozostałe składniki i pulpę z bakłażana. Dobrze wymieszaj. Gotuj przez 3-4 minuty. Podawać na gorąco.

Curry z kalafiora i groszku

dla 4 osób

Składniki

3 łyżki rafinowanego oleju roślinnego

¼ łyżeczki kurkumy

3 zielone papryczki chilli, pokrojone wzdłuż

1 łyżeczka mielonej kolendry

2,5 cm / 1 cal korzenia imbiru, startego

250 g / 9 uncji różyczek kalafiora

400g świeżego zielonego groszku

60 ml / 2 uncje wody

Sól dla smaku

1 łyżka drobno posiekanych liści kolendry

metoda

- W garnku rozgrzej olej. Dodaj kurkumę, zielone chili, mieloną kolendrę i imbir. Smaż na średnim ogniu przez minutę.
- Dodać pozostałe składniki oprócz liści kolendry. Dobrze mieszaj na małym ogniu przez 10 minut.
- Udekoruj listkami kolendry. Podawać na gorąco.

Aloo Methi ki Sabzi

(Curry z ziemniaków i kozieradki)

dla 4 osób

Składniki

100 g / 3½ uncji liści kozieradki, posiekanych

Sól dla smaku

4 łyżki rafinowanego oleju roślinnego

1 łyżeczka nasion kminku

5-6 zielonych papryczek chilli

¼ łyżeczki kurkumy

szczypta asafetydy

6 dużych ziemniaków, ugotowanych i posiekanych

metoda

- Wymieszaj liście kozieradki z solą. Odstaw na 10 minut.
- W garnku rozgrzej olej. Dodaj nasiona kminku, chili i kurkumę. Pozwól im skwierczeć przez 15 sekund.
- Dodaj pozostałe składniki i liście kozieradki. Dobrze wymieszaj. Gotuj przez 8-10 minut na małym ogniu. Podawać na gorąco.

Słodko-kwaśna Karela

dla 4 osób

Składniki

500 g gorzkich tykw*

Sól dla smaku

750 ml / 1¼ litra wody

1 cm korzenia imbiru

10 ząbków czosnku

4 duże cebule, posiekane

4 łyżki rafinowanego oleju roślinnego

szczypta asafetydy

½ łyżeczki kurkumy

1 łyżeczka mielonej kolendry

1 łyżeczka mielonego kminku

1 łyżeczka pasty z tamaryndowca

2 łyżki brązowego cukru*, tarty

metoda

- Obierz gorzkie tykwy. Pokrój je w plastry i zanurz w osolonej wodzie na 1 godzinę. Opłucz i odciśnij nadmiar wody. Umyć i zarezerwować.
- Zmiel imbir, czosnek i cebulę na pastę. Odłożyć na bok.
- W garnku rozgrzej olej. Dodać asafetydę. Niech skwierczy przez 15 sekund. Dodaj pastę imbirowo-cebulową i resztę składników. Dobrze wymieszaj. Smażyć przez 3-4 minuty. Dodaj gorzkie tykwy. Dobrze wymieszaj. Przykryj pokrywką i gotuj na małym ogniu przez 8-10 minut. Podawać na gorąco.

Karela Koshimbir

(Chrupiąca Kruszona Gorzka Tykwa)

dla 4 osób

Składniki

500 g gorzkich tykw*, odsłonić

Sól dla smaku

Rafinowany olej roślinny do smażenia

2 średnie cebule, posiekane

50 g / 1¾ uncji liści kolendry, posiekanych

3 zielone papryczki chili drobno posiekane

½ świeżego kokosa, startego

1 łyżka soku z cytryny

metoda

- Pokrój gorzkie tykwy. Natrzyj je solą i pozostaw na 2-3 godziny.
- W garnku rozgrzej olej. Dodaj gorzkie tykwy i smaż na średnim ogniu, aż będą złocistobrązowe i chrupiące. Odcedzić, lekko ostudzić i rozgnieść palcami.
- Pozostałe składniki wymieszać w misce. Dodaj dynie i podawaj, gdy są jeszcze gorące.

Karela Curry

(Curry z gorzkiej tykwy)

dla 4 osób

Składniki

½ kokosa

2 czerwone chilli

1 łyżeczka nasion kminku

3 łyżki rafinowanego oleju roślinnego

1 szczypta asafetydy

2 duże cebule, drobno posiekane

2 zielone papryczki chilli drobno posiekane

Sól dla smaku

½ łyżeczki kurkumy

500 g gorzkich tykw*, obrane i posiekane

2 pomidory, drobno posiekane

metoda

- Zetrzyj połowę kokosa, a resztę posiekaj. Odłożyć na bok.
- Upraż na sucho wiórki kokosowe, czerwone papryczki chilli i kminek. Schłodzić i mieszać do uzyskania drobnej pasty. Odłożyć na bok.
- Rozgrzej olej na patelni. Dodaj asafetydę, cebulę, zielone chilli, sól, kurkumę i posiekany kokos. Smażyć przez 3 minuty, często mieszając.
- Dodaj gorzkie tykwy i pomidory. Gotuj przez 3-4 minuty.
- Dodaj zmieloną pastę kokosową. Gotuj przez 5-7 minut i podawaj gorące.

kalafior chili

dla 4 osób

Składniki

3 łyżki rafinowanego oleju roślinnego

5 cm / 2 calowy korzeń imbiru, drobno posiekany

12 ząbków czosnku drobno posiekanych

1 kalafior, pokrojony na różyczki

5 czerwonych papryczek chilli, poćwiartowanych i pozbawionych nasion

6 cebul dymek, przekrojonych na pół

3 pomidory, blanszowane i posiekane

Sól dla smaku

metoda

- W garnku rozgrzej olej. Dodaj imbir i czosnek. Smaż na średnim ogniu przez minutę.
- Dodać kalafiora i czerwone papryczki chilli. Smaż przez 5 minut.
- Dodaj pozostałe składniki. Dobrze wymieszaj. Gotuj na małym ogniu przez 7-8 minut. Podawać na gorąco.

orzechowe curry

dla 4 osób

Składniki

4 łyżki ghee

10 g / ¼ uncji orzechów nerkowca

10 g blanszowanych migdałów

10-12 orzeszków ziemnych

5-6 rodzynek

10 pistacji

10 posiekanych orzechów włoskich

2,5 cm / 1 cal korzenia imbiru, startego

6 ząbków czosnku, zmiażdżonych

4 małe cebule, drobno posiekane

4 pomidory, drobno posiekane

4 daktyle, wypestkowane i pokrojone

½ łyżeczki kurkumy

125 g / 4½ uncji khoya*

1 łyżeczka garam masali

Sól dla smaku

75g / 2½ startego sera cheddar

1 łyżka posiekanych liści kolendry

metoda

- Podgrzej ghee na patelni. Dodać wszystkie orzechy i smażyć na średnim ogniu na złoty kolor. Odcedź i zarezerwuj.
- W tym samym ghee usmażyć imbir, czosnek i cebulę na złoty kolor.
- Dodaj smażone orzechy i wszystkie pozostałe składniki oprócz sera i liści kolendry. Przykryć pokrywką. Gotuj na małym ogniu przez 5 minut.
- Udekoruj serem i listkami kolendry. Podawać na gorąco.

Daikon opuszcza Bhaaji

dla 4 osób

Składniki

2 łyżki rafinowanego oleju roślinnego

¼ łyżeczki mielonego kminku

2 czerwone papryczki chilli, pokrojone na kawałki

szczypta asafetydy

400 g / 14 uncji liści daikon*, Porąbane

300 g/10 uncji chana dhal*, moczone przez 1 godzinę

1 łyżeczka brązowego cukru*, tarty

¼ łyżeczki kurkumy

Sól dla smaku

metoda

- W garnku rozgrzej olej. Dodaj kminek, czerwone papryczki chilli i asafetydę.
- Pozwól im skwierczeć przez 15 sekund. Dodaj pozostałe składniki. Dobrze wymieszaj. Gotuj na małym ogniu przez 10-15 minut. Podawać na gorąco.

Chole Aloo

(curry z ciecierzycy i ziemniaków)

dla 4 osób

Składniki

500 g ciecierzycy namoczonej przez noc

szczypta sody oczyszczonej

Sól dla smaku

1 litr / 1¾ litra wody

3 łyżki ghee

2,5 cm / 1 cal korzenia imbiru pokrojonego w julienne

2 duże cebule, starte, plus 1 mała cebula, pokrojona w plasterki

2 pomidory, pokrojone w kostkę

1 łyżeczka garam masali

1 łyżeczka mielonego kminku, uprażonego na sucho

½ łyżeczki mielonego zielonego kardamonu

½ łyżeczki kurkumy

2 duże ziemniaki, ugotowane i pokrojone w kostkę

2 łyżeczki pasty z tamaryndowca

1 łyżka posiekanych liści kolendry

metoda

- Gotuj ciecierzycę z sodą oczyszczoną, solą i wodą w rondlu na średnim ogniu przez 45 minut. Odcedź i zarezerwuj.
- Podgrzej ghee w rondelku. Dodaj imbir i startą cebulę. Smażyć, aż będzie przezroczysty. Dodaj pozostałe składniki oprócz liści kolendry i pokrojonej cebuli. Dobrze wymieszaj. Dodaj ciecierzycę i gotuj przez 7-8 minut.
- Udekoruj liśćmi kolendry i pokrojoną cebulą. Podawać na gorąco.

curry orzechowe

dla 4 osób

Składniki

1 łyżeczka maku

1 łyżeczka nasion kolendry

1 łyżeczka nasion kminku

2 czerwone chilli

25 g / niecały 1 uncja rozdrobnionego świeżego kokosa

3 łyżki ghee

2 małe cebule, starte

900g / 2lb orzeszki ziemne, pokruszone

1 łyżeczka amchooru*

½ łyżeczki kurkumy

1 duży pomidor, blanszowany i posiekany

2 łyżeczki brązowego cukru*, tarty

500 ml / 16 uncji wody

Sól dla smaku

15 g / ½ uncji liści kolendry, posiekanych

metoda

- Zmiel mak, nasiona kolendry, nasiona kminku, czerwone papryczki chilli i kokos na drobną pastę. Odłożyć na bok.
- Podgrzej ghee w rondelku. Dodaj cebulę. Smażyć, aż będzie przezroczysty.
- Dodać zmielony makaron i pozostałe składniki oprócz liści kolendry. Dobrze wymieszaj. Gotuj na małym ogniu przez 7-8 minut.
- Udekoruj listkami kolendry. Podawać na gorąco.

fasola upkari

(Fasola Z Kokosem)

dla 4 osób

Składniki

1 łyżka rafinowanego oleju roślinnego

½ łyżeczki nasion gorczycy

½ łyżeczki urad dhal*

2-3 czerwone chili, połamane

500 g / 1 lb 2 uncje fasoli francuskiej, posiekanej

1 łyżeczka brązowego cukru*, tarty

Sól dla smaku

25 g / niecały 1 uncja rozdrobnionego świeżego kokosa

metoda

- W garnku rozgrzej olej. Dodać ziarna gorczycy. Pozwól im skwierczeć przez 15 sekund.
- Dodaj dhal. Smażyć na złoty kolor. Dodaj pozostałe składniki oprócz kokosa. Dobrze wymieszaj. Gotuj na małym ogniu przez 8-10 minut.
- Dekorujemy kokosem. Podawać na gorąco.

Karatey Ambadey

(Curry z gorzkiej tykwy i niedojrzałego mango)

dla 4 osób

Składniki

250g / 9 uncji gorzkiej tykwy*, pokrojony

Sól dla smaku

60 g / 2 uncje brązowego cukru*, tarty

1 łyżeczka rafinowanego oleju roślinnego

4 suszone czerwone chilli

1 łyżeczka urad dhal*

1 łyżeczka nasion kozieradki

2 łyżeczki nasion kolendry

50 g / 1¾ uncji rozdrobnionego świeżego kokosa

¼ łyżeczki kurkumy

4 małe zielone mango

metoda

- Kawałki gorzkiej tykwy natrzyj solą. Odstaw na godzinę.
- Odciśnij wodę z kawałków dyni. Gotuj je w rondlu z brązowym cukrem na średnim ogniu przez 4-5 minut. Odłożyć na bok.
- W garnku rozgrzej olej. Dodaj czerwone papryczki chilli, dhal, kozieradkę i nasiona kolendry. Smaż przez minutę. Dodaj gorzką tykwę i pozostałe składniki. Dobrze wymieszaj. Gotuj na małym ogniu przez 4-5 minut. Podawać na gorąco.

kadhai paneer

(Pikantny Paneer)

dla 4 osób

Składniki

2 łyżki rafinowanego oleju roślinnego

1 duża cebula, pokrojona w plasterki

3 duże zielone papryki, drobno posiekane

500 g / 1 funt 2 uncje paneera*, pokroić w 2,5 cm kawałki

1 pomidor, drobno posiekany

¼ łyżeczki mielonej kolendry, prażonej na sucho

Sól dla smaku

¼ uncji / 10 g liści kolendry, posiekanych

metoda

- W garnku rozgrzej olej. Dodaj cebulę i paprykę. Smażyć na średnim ogniu przez 2-3 minuty.
- Dodać pozostałe składniki oprócz liści kolendry. Dobrze wymieszaj. Gotuj na małym ogniu przez 5 minut. Udekoruj listkami kolendry. Podawać na gorąco.

Kathirikkai Vangi

(Południowoindyjskie Brinjal Curry)

dla 4 osób

Składniki

150 g / 5½ uncji Masoor Dhal*

Sól dla smaku

¼ łyżeczki kurkumy

500 ml / 16 uncji wody

250g cienko pokrojonych bakłażanów

1 łyżeczka rafinowanego oleju roślinnego

¼ łyżeczki gorczycy

1 łyżeczka pasty z tamaryndowca

8-10 liści curry

1 łyżeczka proszku sambhar*

metoda

- Wymieszaj masoor dhal z solą, szczyptą kurkumy i połową wody. Gotuj w rondelku na średnim ogniu przez 40 minut. Odłożyć na bok.
- Gotuj bakłażany z solą i pozostałą kurkumą i wodą w innym rondlu na średnim ogniu przez 20 minut. Odłożyć na bok.
- W garnku rozgrzej olej. Dodać ziarna gorczycy. Pozwól im skwierczeć przez 15 sekund. Dodaj pozostałe składniki, dhal i brinjaż. Dobrze wymieszaj. Gotuj na małym ogniu przez 6-7 minut. Podawać na gorąco.

pitla

(pikantne curry z mąki gram)

dla 4 osób

Składniki

250g / 9 uncji fasoli*

500 ml / 16 uncji wody

2 łyżki rafinowanego oleju roślinnego

¼ łyżeczki gorczycy

2 duże cebule, drobno posiekane

6 ząbków czosnku, zmiażdżonych

2 łyżki pasty z tamaryndowca

1 łyżeczka garam masali

Sól dla smaku

1 łyżka posiekanych liści kolendry

metoda

- Wymieszaj besan i wodę. Odłożyć na bok.
- W garnku rozgrzej olej. Dodać ziarna gorczycy. Pozwól im skwierczeć przez 15 sekund. Dodaj cebulę i czosnek. Smaż, aż cebula będzie złota.
- Dodaj pastę besan. Gotować na małym ogniu, aż zacznie wrzeć.
- Dodaj pozostałe składniki. Gotuj na małym ogniu przez 5 minut. Podawać na gorąco.

kalafior masala

dla 4 osób

Składniki

1 duży kalafior, ugotowany w osolonej wodzie

3 łyżki rafinowanego oleju roślinnego

2 łyżki drobno posiekanych liści kolendry

1 łyżeczka mielonej kolendry

½ łyżeczki mielonego kminku

¼ łyżeczki mielonego imbiru

Sól dla smaku

120 ml / 4 uncje wody

Na sos:

200 g jogurtu

1 łyżka pocałunku*, palone na sucho

¾ łyżeczki chili w proszku

metoda

- Odsącz kalafiora i podziel go na różyczki.
- Na patelni rozgrzej 2 łyżki oleju. Dodać kalafiora i smażyć na średnim ogniu na złoty kolor. Odłożyć na bok.
- Wszystkie składniki sosu wymieszać.
- Rozgrzej 1 łyżkę oleju w rondlu i dodaj tę mieszankę. Smaż przez minutę.
- Przykryj pokrywką i gotuj na małym ogniu przez 8-10 minut.
- Dodaj kalafior. Dobrze wymieszaj. Gotuj na małym ogniu przez 5 minut.
- Udekoruj listkami kolendry. Podawać na gorąco.

Shukna Kacha Pepe

(Curry z zielonej papai)

dla 4 osób

Składniki

150 g / 5½ uncji chana dhal*, namoczone przez noc, odsączone i zmielone na pastę

3 łyżki rafinowanego oleju roślinnego plus do smażenia

2 całe suszone czerwone chilli

½ łyżeczki nasion kozieradki

½ łyżeczki nasion gorczycy

1 zielona papaja, obrana i starta

1 łyżeczka kurkumy

1 łyżka cukru

Sól dla smaku

metoda

- Podziel pastę dhal na kulki wielkości orzecha włoskiego. Rozwałkować na cienkie krążki.
- Na patelni rozgrzej olej do smażenia. Dodaj dyski. Smażyć na średnim ogniu do złotego koloru. Odcedź i pokrój na małe kawałki. Odłożyć na bok.
- Pozostały olej rozgrzej w rondlu. Dodaj chilli, kozieradkę i nasiona gorczycy. Pozwól im skwierczeć przez 15 sekund.
- Dodaj pozostałe składniki. Dobrze wymieszaj. Przykryj pokrywką i gotuj na małym ogniu przez 8-10 minut. Dodaj kawałki dhalu. Dobrze wymieszaj i podawaj.

suszona okra

dla 4 osób

Składniki

3 łyżki oleju musztardowego

½ łyżeczki nasion kalonji*

750g / 1lb 10oz okry, pokrojonej wzdłuż

Sól dla smaku

½ łyżeczki chili w proszku

½ łyżeczki kurkumy

2 łyżeczki cukru

3 łyżeczki mielonej musztardy

1 łyżka pasty z tamaryndowca

metoda

- W garnku rozgrzej olej. Smaż nasiona cebuli i okrę przez 5 minut.
- Dodaj sól, chili w proszku, kurkumę i cukier. Przykryć pokrywką. Gotuj na małym ogniu przez 10 minut.
- Dodaj pozostałe składniki. Dobrze wymieszaj. Gotuj przez 2-3 minuty. Podawać na gorąco.

Kalafior Moghlajski

dla 4 osób

Składniki

5 cm korzenia imbiru

2 łyżeczki nasion kminku

6-7 ziaren czarnego pieprzu

500 g / 1 funt 2 uncje różyczek kalafiora

Sól dla smaku

2 łyżki ghee

2 liście laurowe

200 g jogurtu

500 ml / 16 uncji mleka kokosowego

1 łyżeczka cukru

metoda

- Zmiel imbir, nasiona kminku i ziarna pieprzu na drobną pastę.
- Marynuj różyczki kalafiora z tą pastą i solą przez 20 minut.
- Podgrzej ghee na patelni. Dodaj różyczki. Smażyć na złoty kolor. Dodaj pozostałe składniki. Dobrze wymieszaj. Przykryj pokrywką i gotuj na małym ogniu przez 7-8 minut. Podawać na gorąco.

Bhapa Shorshe Baingana

(Bakłażan W Sosie Musztardowym)

dla 4 osób

Składniki

2 długie bakłażany

Sól dla smaku

¼ łyżeczki kurkumy

3 łyżki rafinowanego oleju roślinnego

3 łyżki oleju musztardowego

2-3 łyżki przygotowanej musztardy

1 łyżka drobno posiekanych liści kolendry

1-2 zielone papryczki chilli drobno posiekane

metoda

- Każdy bakłażan pokroić wzdłuż na 8-12 kawałków. Marynuj z solą i kurkumą przez 5 minut.
- W garnku rozgrzej olej. Dodać plastry bakłażana i przykryć pokrywką. Smaż na średnim ogniu przez 3-4 minuty, od czasu do czasu obracając.
- Olej musztardowy utrzeć z wcześniej przygotowaną musztardą i dodać do bakłażanów. Dobrze wymieszaj. Gotuj na średnim ogniu przez minutę.
- Udekoruj listkami kolendry i zielonym chilli. Podawać na gorąco.

Pieczone warzywa w pikantnym sosie

dla 4 osób

Składniki

2 łyżki masła

4 ząbki czosnku drobno posiekane

1 duża cebula, drobno posiekana

1 łyżka zwykłej białej mąki

200 g mrożonych mieszanych warzyw

Sól dla smaku

1 łyżeczka chili w proszku

1 łyżeczka pasty musztardowej

250 ml sosu pomidorowego

4 duże ziemniaki, ugotowane i pokrojone

250 ml / 8 uncji białego sosu

4 łyżki startego sera cheddar

metoda

- Masło podgrzać w rondelku. Dodaj czosnek i cebulę. Smażyć, aż będzie przezroczysty. Dodaj mąkę i smaż przez minutę.
- Dodaj warzywa, sól, chili w proszku, pastę musztardową i ketchup. Gotuj na średnim ogniu przez 4-5 minut. Odłożyć na bok.
- Nasmaruj blachę do pieczenia. Ułóż mieszankę warzywną i ziemniaki w naprzemiennych warstwach. Wlej biały sos i ser na wierzch.
- Piec w piekarniku nagrzanym do 200°C (400°F, Gas Mark 6) przez 20 minut. Podawać na gorąco.

smaczne tofu

dla 4 osób

Składniki

2 łyżki rafinowanego oleju roślinnego

3 małe cebule, starte

1 łyżeczka pasty imbirowej

1 łyżeczka pasty czosnkowej

3 pomidory, puree

50 g / 1¾ uncji Jogurt grecki, ubity

400 g tofu, pokrojonego na 2,5 cm kawałki

25 g / niecała 1 uncja liści kolendry, drobno posiekanych

Sól dla smaku

metoda

- W garnku rozgrzej olej. Dodaj cebulę, pastę imbirową i pastę czosnkową. Smaż przez 5 minut na średnim ogniu.
- Dodaj pozostałe składniki. Dobrze wymieszaj. Gotuj na małym ogniu przez 3-4 minuty. Podawać na gorąco.

Aloo Baingan

(Curry z ziemniaków i bakłażana)

dla 4 osób

Składniki

3 łyżki rafinowanego oleju roślinnego

1 łyżeczka nasion gorczycy

½ łyżeczki asafetydy

1 cm korzenia imbiru, drobno posiekanego

4 zielone papryczki chilli, pokrojone wzdłuż

10 ząbków czosnku drobno posiekanych

6 liści curry

½ łyżeczki kurkumy

3 duże ziemniaki, ugotowane i pokrojone w kostkę

250 g bakłażanów, posiekanych

½ łyżeczki amchooru*

Sól dla smaku

metoda

- W garnku rozgrzej olej. Dodać gorczycę i asafetydę. Pozwól im skwierczeć przez 15 sekund.
- Dodaj imbir, zielone chilli, czosnek i liście curry. Smażyć przez 1 minutę, ciągle mieszając.
- Dodaj pozostałe składniki. Dobrze wymieszaj. Przykryj pokrywką i gotuj na małym ogniu przez 10-12 minut. Podawać na gorąco.

Curry ze słodkiego groszku

dla 4 osób

Składniki

500 g / 1 funt 2 uncje groszku cukrowego

2 łyżki rafinowanego oleju roślinnego

1 łyżeczka pasty imbirowej

1 duża cebula, drobno posiekana

2 duże ziemniaki, obrane i pokrojone w kostkę

½ łyżeczki kurkumy

½ łyżeczki garam masali

½ łyżeczki chili w proszku

1 łyżeczka cukru

2 duże pomidory, pokrojone w kostkę

Sól dla smaku

metoda

- Obierz nitki z brzegów strąków grochu. Posiekaj strąki. Odłożyć na bok.
- W garnku rozgrzej olej. Dodaj pastę imbirową i cebulę. Smażyć, aż będzie przezroczysty. Dodaj pozostałe składniki i strąki. Dobrze wymieszaj. Przykryj pokrywką i gotuj na małym ogniu przez 7-8 minut. Podawać na gorąco.

Curry z dyni i ziemniaków

dla 4 osób

Składniki

2 łyżki rafinowanego oleju roślinnego

1 łyżeczka panch phoron*

szczypta asafetydy

1 suszona czerwona papryczka chilli, pokrojona na kawałki

1 liść laurowy

4 duże ziemniaki, pokrojone w kostkę

200g dyni, pokrojonej w kostkę

½ łyżeczki pasty imbirowej

½ łyżeczki pasty czosnkowej

1 łyżeczka mielonego kminku

1 łyżeczka mielonej kolendry

¼ łyżeczki kurkumy

½ łyżeczki garam masali

1 łyżeczka amchooru*

500 ml / 16 uncji wody

Sól dla smaku

metoda

- W garnku rozgrzej olej. Dodaj panch foron. Pozwól im skwierczeć przez 15 sekund.
- Dodaj asafetydę, kawałki czerwonego chilli i liść laurowy. Smaż przez minutę.
- Dodaj pozostałe składniki. Dobrze wymieszaj. Gotuj na małym ogniu przez 10-12 minut. Podawać na gorąco.

Jajko Thorana

(Pikantna jajecznica)

dla 4 osób

Składniki

60 ml rafinowanego oleju roślinnego

¼ łyżeczki gorczycy

2 drobno posiekane cebule

1 duży pomidor, drobno posiekany

1 łyżeczka świeżo zmielonego czarnego pieprzu

Sól dla smaku

4 ubite jajka

25 g / niecały 1 uncja rozdrobnionego świeżego kokosa

50 g / 1¾ uncji liści kolendry, posiekanych

metoda

- W garnku rozgrzewamy olej i podsmażamy ziarna gorczycy. Pozwól im skwierczeć przez 15 sekund. Dodać cebulę i smażyć na złoty kolor. Dodać pomidora, pieprz i sól. Smażyć przez 2-3 minuty.
- Dodaj jajka. Gotować na małym ogniu, ciągle mieszając.
- Udekoruj listkami kokosa i kolendry. Podawać na gorąco.

Baingan Lajawab

(Bakłażan Z Kalafiorem)

dla 4 osób

Składniki

4 duże bakłażany

2 łyżki rafinowanego oleju roślinnego plus dodatkowo do smażenia

1 łyżeczka nasion kminku

½ łyżeczki kurkumy

2,5 cm korzenia imbiru, mielonego

2 zielone papryczki chilli drobno posiekane

1 łyżeczka amchooru*

Sól dla smaku

100 g mrożonego groszku

metoda

- Każdy bakłażan przekroić wzdłuż i usunąć miąższ.
- Podgrzej olej. Dodaj skórki bakłażana. Smażyć przez 2 minuty. Odłożyć na bok.
- W garnku rozgrzej 2 łyżki oleju. Dodaj nasiona kminku i kurkumę. Pozwól im skwierczeć przez 15 sekund. Dodać pozostałe składniki i pulpę z bakłażana. Lekko wymieszaj i gotuj na małym ogniu przez 5 minut.
- Ostrożnie napełnij skorupki bakłażanów tą mieszanką. Grilluj przez 3-4 minuty. Podawać na gorąco.

Warzywa Bahar

(Warzywa w sosie orzechowym)

dla 4 osób

Składniki

3 łyżki rafinowanego oleju roślinnego

1 duża cebula, drobno posiekana

2 duże pomidory, drobno posiekane

1 łyżeczka pasty imbirowej

1 łyżeczka pasty czosnkowej

20 orzechów nerkowca, zmielonych

2 łyżki mielonych orzechów włoskich

2 łyżki maku

200 g jogurtu

3½ uncji / 100 g mrożonych mieszanych warzyw

1 łyżeczka garam masali

Sól dla smaku

metoda

- W garnku rozgrzej olej. Dodaj cebulę. Smażyć na średnim ogniu do złotego koloru. Dodaj pomidory, pastę imbirową, pastę czosnkową, orzechy nerkowca, orzechy włoskie i mak. Smażyć przez 3-4 minuty.
- Dodaj pozostałe składniki. Gotuj przez 7-8 minut. Podawać na gorąco.

Nadziewane Warzywa

dla 4 osób

Składniki

4 małe ziemniaki

100g / 3½ uncji okry

4 małe bakłażany

4 łyżki rafinowanego oleju roślinnego

½ łyżeczki nasion gorczycy

szczypta asafetydy

Do nadzienia:

250g / 9 uncji fasoli*

1 łyżeczka mielonej kolendry

1 łyżeczka mielonego kminku

½ łyżeczki kurkumy

1 łyżeczka chili w proszku

1 łyżeczka garam masali

Sól dla smaku

metoda

- Wszystkie składniki na nadzienie wymieszać. Odłożyć na bok.
- Pokrój ziemniaki, okrę i bakłażana. Wypełnij farszem. Odłożyć na bok.
- W garnku rozgrzej olej. Dodać gorczycę i asafetydę. Pozwól im skwierczeć przez 15 sekund. Dodaj faszerowane warzywa. Przykryj pokrywką i gotuj na małym ogniu przez 8-10 minut. Podawać na gorąco.

Singhi Aloo

(Podudzia z ziemniakami)

dla 4 osób

Składniki

5 łyżek rafinowanego oleju roślinnego

3 małe cebule, drobno posiekane

3 zielone papryczki chili drobno posiekane

2 duże pomidory, drobno posiekane

2 łyżeczki mielonej kolendry

Sól dla smaku

5 indyjskich pałeczek*pokrojoną w 7,5 cm kawałki

2 duże ziemniaki, posiekane

360 ml / 12 uncji wody

metoda

- W garnku rozgrzej olej. Dodaj cebulę i chili. Smaż je na małym ogniu przez minutę.
- Dodaj pomidory, mieloną kolendrę i sól. Smażyć przez 2-3 minuty.
- Dodać udka, ziemniaki i wodę. Dobrze wymieszaj. Gotuj na małym ogniu przez 10-12 minut. Podawać na gorąco.

curry sindhi

dla 4 osób

Składniki

150 g / 5½ uncji Masoor Dhal*

Sól dla smaku

1 litr / 1¾ litra wody

4 pomidory, drobno posiekane

5 łyżek rafinowanego oleju roślinnego

½ łyżeczki nasion kminku

¼ łyżeczki nasion kozieradki

8 liści curry

3 zielone papryczki chilli, pokrojone wzdłuż

¼ łyżeczki asafetydy

4 łyżki pocałunku*

½ łyżeczki chili w proszku

½ łyżeczki kurkumy

8 okra, podłużne rozcięcie

10 fasoli francuskiej, pokrojonej w kostkę

6-7 kokum*

1 duża marchewka pokrojona w julienkę

1 duży ziemniak, pokrojony w kostkę

metoda

- Wymieszaj dhal z solą i wodą. Gotuj tę mieszaninę w rondlu na średnim ogniu przez 45 minut, od czasu do czasu mieszając.
- Dodaj pomidory i gotuj przez 7-8 minut. Odłożyć na bok.
- W garnku rozgrzej olej. Dodaj nasiona kminku i kozieradki, liście curry, zielone chilli i asafetydę. Niech skwierczą przez 30 sekund.
- Dodaj pocałunek. Smażyć przez minutę, ciągle mieszając.
- Dodaj pozostałe składniki i mieszankę dhal. Dobrze wymieszaj. Gotuj na małym ogniu przez 10 minut. Podawać na gorąco.

Gulnar Kofta

(Kuleczki paneer w szpinaku)

dla 4 osób

Składniki

150 g mieszanych orzechów

200 g / 7 uncji khoya*

4 duże ziemniaki, ugotowane i rozgniecione

150 g paneera*, rozdrobnione

100 g sera cheddar

2 łyżeczki mąki kukurydzianej

Rafinowany olej roślinny do smażenia

2 łyżeczki masła

100 g drobno posiekanego szpinaku

1 łyżeczka śmietany

Sól dla smaku

Na mieszankę przypraw:

2 zęby

1 cm cynamonu

3 czarne ziarna pieprzu

metoda

- Wymieszaj suszone owoce z khoya. Odłożyć na bok.
- Zmiel wszystkie składniki mieszanki przypraw. Odłożyć na bok.
- Ziemniaki, paneer, ser i mąkę kukurydzianą wymieszać na ciasto. Z ciasta uformować kulki wielkości orzecha włoskiego i spłaszczyć na placki. Umieść porcję mieszanki suszonych owoców i khoya na każdym dysku i zamknij jak worek.
- Wygładź kulki wielkości orzecha włoskiego, aby zrobić kofty. Odłożyć na bok.
- Rozgrzej olej na patelni. Dodać kofty i smażyć na średnim ogniu na złoty kolor. Odcedź i zachowaj w naczyniu do serwowania.
- Masło podgrzać w rondelku. Dodaj zmieloną mieszankę przypraw. Smaż przez minutę.
- Dodaj szpinak i gotuj przez 2-3 minuty.
- Dodaj śmietanę i sól. Dobrze wymieszaj. Wlej tę mieszankę na kofty. Podawać na gorąco.

paneer korma

(bogate curry paneer)

dla 4 osób

Składniki

500 g / 1 funt 2 uncje paneera*

3 łyżki rafinowanego oleju roślinnego

1 duża posiekana cebula

2,5 cm / 1 cal korzenia imbiru pokrojonego w julienne

8 ząbków czosnku, zmiażdżonych

2 zielone papryczki chilli drobno posiekane

1 duży pomidor, drobno posiekany

¼ łyżeczki kurkumy

½ łyżeczki mielonej kolendry

½ łyżeczki mielonego kminku

1 łyżeczka chili w proszku

½ łyżeczki garam masali

125g jogurtu

Sól dla smaku

250 ml / 8 uncji wody

2 łyżki drobno posiekanych liści kolendry

metoda

- Zetrzyj połowę paneera, a resztę pokrój na 2,5 cm kawałki.
- Rozgrzej olej na patelni. Dodaj kawałki paneera. Smaż je na średnim ogniu na złoty kolor. Odcedź i zarezerwuj.
- Na tym samym oleju smaż cebulę, imbir, czosnek i zielone chilli na średnim ogniu przez 2-3 minuty.
- Dodaj pomidora. Smażyć przez 2 minuty.
- Dodaj kurkumę, mieloną kolendrę, mielony kminek, chili w proszku i garam masala. Dobrze wymieszaj. Smażyć przez 2-3 minuty.
- Dodaj jogurt, sól i wodę. Dobrze wymieszaj. Gotuj na małym ogniu przez 8-10 minut.
- Dodaj smażone kawałki paneer. Dobrze wymieszaj. Gotuj na małym ogniu przez 5 minut.
- Udekoruj startym paneerem i liśćmi kolendry. Podawać na gorąco.

Chutney Ziemniaczany

dla 4 osób

Składniki

100 g liści kolendry, drobno posiekanych

4 zielone chilli

2,5 cm / 1 cal korzenia imbiru

7 ząbków czosnku

25 g / niecały 1 uncja rozdrobnionego świeżego kokosa

1 łyżka soku z cytryny

1 łyżeczka nasion kminku

1 łyżeczka nasion kolendry

½ łyżeczki kurkumy

½ łyżeczki chili w proszku

Sól dla smaku

750 g / 1 funt 10 uncji dużych ziemniaków, obranych i pokrojonych w krążki

4 łyżki rafinowanego oleju roślinnego

¼ łyżeczki gorczycy

metoda

- Wymieszaj liście kolendry, zielone chili, imbir, czosnek, kokos, sok z cytryny, kminek i nasiona kolendry. Zmiel tę mieszaninę, aż uzyskasz delikatną pastę.
- Wymieszaj tę pastę z kurkumą, chili w proszku i solą.
- W tej mieszance marynuj ziemniaki przez 30 minut.
- W garnku rozgrzej olej. Dodać ziarna gorczycy. Pozwól im skwierczeć przez 15 sekund.
- Dodaj ziemniaki. Gotuj je na małym ogniu przez 8-10 minut, od czasu do czasu mieszając. Podawać na gorąco.

Lobia

(Czarnooki groszek curry)

dla 4 osób

Składniki

400 g groszku czarnookiego, namoczonego przez noc

szczypta sody oczyszczonej

Sól dla smaku

1,4 litra / 2½ litra wody

1 duża cebula

4 ząbki czosnku

3 łyżki ghee

2 łyżeczki mielonej kolendry

1 łyżeczka mielonego kminku

1 łyżeczka amchooru*

½ łyżeczki garam masali

½ łyżeczki chili w proszku

¼ łyżeczki kurkumy

2 pomidory, pokrojone w kostkę

3 zielone papryczki chili drobno posiekane

2 łyżki liści kolendry,

bardzo drobno posiekane

metoda

- Wymieszaj groszek czarnooki z sodą oczyszczoną, solą i 1,2 litra wody. Gotuj tę mieszaninę w rondlu na średnim ogniu przez 45 minut. Odcedź i zarezerwuj.
- Zmiel cebulę i czosnek, aż uzyskasz pastę.
- Podgrzej ghee w rondelku. Dodać makaron i smażyć na średnim ogniu na złoty kolor.
- Dodaj ugotowany groszek czarnooki, pozostałą wodę i wszystkie pozostałe składniki oprócz liści kolendry. Gotuj na małym ogniu przez 8-10 minut.
- Udekoruj listkami kolendry. Podawać na gorąco.

Meetha warzywna Khatta

(Słodko-kwaśne warzywa)

dla 4 osób

Składniki

1 łyżka mąki

1 łyżka octu słodowego

2 łyżki cukru

50 g kapusty drobno posiekanej w długie paski

1 duża zielona papryka pokrojona w paski

1 duża marchewka pokrojona w paski

50 g zielonej fasoli, przyciętej i posiekanej

100 g / 3½ uncji młodej kukurydzy

1 łyżka rafinowanego oleju roślinnego

½ łyżeczki pasty imbirowej

½ łyżeczki pasty czosnkowej

2-3 zielone papryczki chilli, drobno posiekane

4-5 szczypiorku, drobno posiekanego

125 g / 4½ uncji przecieru pomidorowego

120 ml sosu pomidorowego

Sól dla smaku

10 g / ¼ uncji liści kolendry, drobno posiekanych

metoda

- Mąkę wymieszać z octem i cukrem. Odłożyć na bok.
- Wymieszaj kapustę, zieloną paprykę, marchewkę, zieloną fasolkę i młodą kukurydzę. Paruj tę mieszaninę w parowarze przez 10 minut. Odłożyć na bok.
- W garnku rozgrzej olej. Dodaj pastę imbirową, pastę czosnkową i chilli. Smażyć przez 30 sekund.
- Dodaj szczypiorek. Smażyć przez 1-2 minuty.
- Dodaj ugotowane na parze warzywa i przecier pomidorowy, sos pomidorowy i sól. Gotuj na małym ogniu przez 5-6 minut.
- Dodaj pastę z mąki. Gotuj przez 3-4 minuty.
- Udekoruj listkami kolendry. Podawać na gorąco.

Dahiwale Chhole

(ciecierzyca w sosie jogurtowym)

dla 4 osób

Składniki

500 g ciecierzycy namoczonej przez noc

szczypta sody oczyszczonej

Sól dla smaku

1 litr / 1¾ litra wody

3 łyżki ghee

2 duże cebule, starte

1 łyżeczka startego imbiru

150 g jogurtu

1 łyżeczka garam masali

1 łyżeczka mielonego kminku, uprażonego na sucho

½ łyżeczki chili w proszku

¼ łyżeczki kurkumy

1 łyżeczka amchooru*

½ łyżki nerkowców

½ łyżki rodzynek

metoda

- Ciecierzycę wymieszać z sodą oczyszczoną, solą i wodą. Gotuj tę mieszaninę w rondlu na średnim ogniu przez 45 minut. Odcedź i zarezerwuj.
- Podgrzej ghee w rondelku. Dodaj cebulę i imbir. Smaż je na średnim ogniu, aż cebula będzie przezroczysta.
- Dodać ciecierzycę i pozostałe składniki oprócz orzechów nerkowca i rodzynek. Dobrze wymieszaj. Gotuj na małym ogniu przez 7-8 minut.
- Udekoruj orzechami nerkowca i rodzynkami. Podawać na gorąco.

Teekha Papad Bhaji*

(Pikantne Danie Poppadam)

dla 4 osób

Składniki

1 łyżka rafinowanego oleju roślinnego

¼ łyżeczki gorczycy

¼ łyżeczki nasion kminku

¼ łyżeczki nasion kozieradki

2 łyżeczki mielonej kolendry

3 łyżeczki cukru

Sól dla smaku

250 ml / 8 uncji wody

6 poppadamów, połamanych na kawałki

1 łyżka posiekanych liści kolendry

metoda

- W garnku rozgrzej olej. Dodać gorczycę, kminek i nasiona kozieradki, mieloną kolendrę, cukier i sól. Niech skwierczą przez 30 sekund. Dodaj wodę i gotuj przez 3-4 minuty.

- Dodaj kawałki poppadamu. Gotuj na małym ogniu przez 5-7 minut. Udekoruj listkami kolendry. Podawać na gorąco.

www.ingramcontent.com/pod-product-compliance
Lightning Source LLC
Chambersburg PA
CBHW071239080526
44587CB00013BA/1680